UNS E OUTROS NA LITERATURA MOÇAMBICANA

ENSAIOS

CIÊNCIAS & ARTES

Francisco Noa

UNS E OUTROS NA LITERATURA MOÇAMBICANA

ENSAIOS

kapulana

São Paulo
2017

Copyright ©2017 Editora Kapulana Ltda.

A editora optou por manter a ortografia da língua portuguesa de Moçambique somente nas citações feitas pelo autor. Os textos do próprio autor foram adaptados para a nova ortografia da língua portuguesa de expressão brasileira. (Acordo Ortográfico da Língua Portuguesa – decreto nº 6.583, de 29 de setembro de 2008).

Coordenação editorial: Rosana Morais Weg
Projeto gráfico e capa: Amanda de Azevedo

Dados Internacionais de Catalogação na Publicação (CIP)
(Câmara Brasileira do Livro, SP, Brasil)

Noa, Francisco
    Uns e outros na literatura moçambicana: ensaios/ Francisco Noa. -- São Paulo: Editora Kapulana, 2017. -- (Série Ciências e Artes)

    Bibliografia
    ISBN: 978-85-68846-28-5

    1. Ensaios 2. Literatura moçambicana (Português) 3. Literatura moçambicana (Português) – História e crítica I. Título. II. Série.

17-05451 CDD-869.09

Índices para catálogo sistemático:
1. Literatura moçambicana em português: História e crítica   869.09

2017

Reprodução proibida (Lei 9.610/98).
Direitos desta edição reservados à Editora Kapulana Ltda.
Rua Henrique Schaumann, 414, 3º andar, CEP 05413-010, São Paulo, SP, Brasil.
editora@kapulana.com.br – www.kapulana.com.br

Sumário

Apresentação	07
Prólogo – *O meu encontro com Jorge Amado*	11
Literatura moçambicana: os trilhos e as margens	13
O Livro da Dor, de João Albasini	25
Uma literatura na malha identitária	29
Nghamula, o homem do tchova, ou o eclipse de uma nação	35
Representações das relações de poder na literatura moçambicana: do colonial ao transnacional	43
O Oceano Índico e as rotas de transnacionalidade na poesia moçambicana	59
O poder do discurso e a arte da narração na ficção moçambicana	75
A condição feminina em José Craveirinha, Aldino Muianga e Clemente Bata: entre a marginalidade e a centralidade	89
A contribuição das literaturas africanas no desenvolvimento da Língua Portuguesa	103
Uns e outros: imaginário, identidade e alteridade na literatura moçambicana	121
Noémia de Sousa: a metafísica do grito	135
Temos estudos que podem legitimar as nossas variantes	141
Nota da Editora	147
Sobre o autor	149

Apresentação

FRANCISCO NOA, moçambicano, escritor, pesquisador, professor, e atual reitor da Universidade Lúrio (UniLúrio) em Moçambique, é conhecido de estudiosos brasileiros por sua participação em eventos científicos internacionais, muitos deles no Brasil, e por seus textos analíticos sobre a literatura e o sistema de ensino de Moçambique.

Em 2015, a Editora Kapulana trouxe ao Brasil dois livros deste ensaísta e professor moçambicano: *Perto do fragmento, a totalidade, olhares sobre a literatura e o mundo*, e *Império, mito e miopia, Moçambique como invenção literária*. Ambos reconhecidamente obras de referência para os estudos das literaturas africanas de língua portuguesa.

Em 2017, a Kapulana tem a honra de publicar no Brasil um novo livro do renomado intelectual: *Uns e outros na literatura moçambicana*, um conjunto de textos representativos do olhar atento e amplo do autor dirigido à literatura de Moçambique.

Por meio de uma gama diversa de intervenções críticas, originalmente nos formatos de comunicações orais, apresentações de livros, entrevistas, artigos de jornal e ensaios vários, Francisco Noa nos conduz por rotas em terras e mares e nos convida a refletir sobre a teia matricial da identidade da literatura moçambicana.

Com o costumeiro rigor científico aliado à sensibilidade de leitor que se emociona com o texto literário, Noa leva-nos ao encontro de uns e outros, como João Albasini, José Craveirinha, Noémia de Sousa, Luís Bernardo Honwana, Luís Carlos Patraquim, Suleiman Cassamo, Aldino Muianga, Clemente Bata, Sangare Okapi e Lucílio Manjate.

A Editora Kapulana agradece ao autor a oportunidade de apresentar aos leitores brasileiros essas preciosas reflexões sobre a literatura de Moçambique.

São Paulo, 15 de junho de 2017.

O meu encontro com Jorge Amado

Já há muito ouvia falar do autor e das suas histórias, quando em finais da década de 70 li, pela primeira vez, uma obra sua e que iria ampliar e aprofundar o meu conhecimento, mesmo a distância, sobre o Brasil. Sobretudo sobre um certo Brasil, até aí para mim uma autêntica incógnita que, de certo modo, se prolonga até hoje. A minha primeira aproximação a esse Brasil profundo e enigmático tinha sido em meados da década de 70, com o filme *Orfeu Negro*, de Marcel Camus, de 1959, filmado nas favelas do Rio de Janeiro, em pleno Carnaval, e que deixou arregalados, pela descoberta que então fazia, os meus olhos então adolescentes.

O romance *Jubiabá* foi, pois, uma revelação de uma realidade que teve o condão de me deixar ligado a um mundo que ao mesmo tempo que me era profundamente desconhecido e desconcertante, me era tão próximo e tão familiar. O fato de os protagonistas serem dominantemente negros, com a sua origem africana bem vincada no desembaraço, na liberdade interior, no despojamento material, na espontaneidade, na alegria, na fraternidade e num misticismo entranhado concorria para que todo aquele mundo, de repente, fizesse parte de mim e eu dele.

O Morro do Capa Negro, onde o moleque Antônio Balduíno brincou e cresceu, era a Mafalala que me surgia inteira e palpitante na minha infância, no colorido das suas gentes, na animação do cotidiano, tranquilo e rotineiro, no fascínio de viver cada dia como se fosse o primeiro e o último, no jogo imprevisível de um destino que a todos irmanava, mesmo tendo em conta as nossas diferenças de cor, de origem e de formação.

A educação de Baldo, feita de histórias e de lendas, fazia dele um irmão mais velho, campeão das malandragens suburbanas, protetor dos fracos, desafiador de todos os tabus, exemplo a imitar no sucesso junto das meninas que desabrochavam para a vida e para o amor.

E a Bahia de Todos os Santos, feito Moçambique, colonial e ancestral, de oprimidos e de pessoas livres, de dominados e de privilegiados, dos rituais ditos pagãos, cristãos, muçulmanos, animistas, da miséria de muitos que davam sentido à vida de poucos, dos sons musicais que enchiam e faziam bailar as nossas existências, dos silêncios sábios dos mais velhos, das transgressões vigiadas e imediatamente punidas...

E o que mais me surpreendia em *Jubiabá* era perceber que os que normalmente não tinham direito a ter voz nem consciência passaram, pelo menos naquela ficção tão poderosamente real, a ter uma e outra, na galeria inesquecível e simbolicamente apelativa de personagens tão próximas, mas tão distantes como Zé Camarão, Mestre Manuel, Tia Luísa, Lindinalva...

Através de *Jubiabá*, redescobri as minhas próprias origens, reinterpretei meu lugar no mundo e no tempo. Enfim, foi uma leitura que se traduziu num ritual de passagem significativo e que me ajudou a amadurecer a minha relação com a literatura e com a vida.

Fevereiro de 2012.

Literatura Moçambicana:
os trilhos e as margens[1]

Ao falarmos de trilhos e de margens em relação à literatura moçambicana, queremos vincar a sua condição de sistema semiótico (enquanto dimensão significativa e comunicativa) que, apesar de autônomo, mantém uma relação dinâmica e estruturante não só com outros sistemas semióticos, mas também com o contexto histórico e social em que as obras vão surgindo.

No permanente jogo de representações de que a arte africana, no seu todo, é pródiga, invariavelmente se tecem, diluem e refazem as fronteiras entre obra e contexto, numa reinvenção quase sempre vibrante quer do vivido quer dos artifícios compositivos que desafiam tanto a estabilidade conceitual da arte, como da própria estrutura do real.

À imagem de outras literaturas produzidas em espaços saídos da dominação colonial, em especial as de língua oficial portuguesa, a literatura moçambicana, enquanto fenômeno de escrita, apresenta as seguintes características dominantes:

- emerge durante o período da vigência do sistema colonial;
- é uma literatura relativamente recente: cerca de 100 anos de existência;

---

[1] In: RIBEIRO, Margarida Calafate; MENEZES, Maria Paula (Orgs.). *Moçambique: das palavras escritas*. Porto: Edições Afrontamento, 2008.

- traduz os paradoxos e complexidades gerados pela colonização, como sejam, literatura escrita e difundida na língua do colonizador, dualismo cultural ou identidade problemática dos autores, oscilação entre absorção e negação dos valores e códigos da estética ocidental etc.;
- em praticamente todo o percurso desta literatura, a maior parte dos textos é difundida sobretudo na imprensa, fato que irá prevalecer sensivelmente até meados da década de 80;
- é um fenômeno essencialmente urbano.

Das origens e da matriz identitária: o pêndulo do assimilado

Se é verdade que desde o século XVIII circulavam na então colônia de Moçambique textos alicerçados não só em padrões estéticos predominantemente europeus, mas também escritos por autores de origem portuguesa, será no início do século XX que, efetivamente, surgirão as primeiras elites letradas de origem africana responsáveis por textos que se instituirão como os verdadeiros precursores da literatura moçambicana.

De referir que, no século XIX, se movimentam, em especial na Ilha de Moçambique, então capital da colônia, círculos culturais e literários, cujo imaginário e interesses estavam profundamente enraizados e identificados com a mundividência portuguesa. Um poeta como José Pedro Campos Oliveira traduz já na sua escrita alguma preocupação temática com Moçambique, embora pouco significativa e pouco consequente, tendo em vista o conjunto daquilo que virá a ser a literatura moçambicana.

É nesse já distante século XIX que se instala a imprensa em Moçambique. A sua relevância decorre não só dela ter sido o grande respaldo da divulgação literária, mas também por se ter instituído, como explica Ilídio Rocha (2000:16), no retrato de toda uma sociedade, seus interesses e seu comportamento, bem como pelo fato de ter funcionado como o grupo de pressão mais importante antes da independência.

As elites que, entretanto, surgem no princípio do século XX, constituídas por assimilados, tendo como epicentro Lourenço Marques, elevada à capital da colônia em 1897, desenvolveram uma marcante intervenção associativista e jornalística através da qual se insurgiam contra as arbitrariedades e as injustiças geradas pela colonização, ao mesmo tempo que defendiam direitos de cidadania para a maioria negra marginalizada, vilipendiada e analfabeta. Apesar deste engajamento, mais cívico que político, não existia propriamente uma consciência nacionalista, nem o sistema colonial era posto em causa na sua essência, por essa mesma camada, incontornável pioneira da intelectualidade moçambicana, literária e não só.

A este propósito, enquanto que Mário Pinto de Andrade (1998:77) considera que estamos perante um "protonacionalismo" cujo discurso tem um caráter fragmentário, descontínuo e ambivalente, Aurélio Rocha (1996:43), por seu lado, refere-se à inconsistência da sua produção ideológica, apesar de reconhecer a originalidade do seu discurso.

À imagem das outras elites africanas no espaço colonial de língua portuguesa, os intelectuais moçambicanos, especialmente os negros e os mestiços, provêm, na sua maioria, do universo suburbano. É neste sentido que Salvato Trigo considera que

> as literaturas africanas de língua portuguesa modernas, isto é, aquelas que se exprimem na língua da colonização, têm a sua emergência indubitavelmente ligada ao urbanismo, enquanto fenómeno semiótico que tem a ver com a organização social do espaço e que introduz, por isso mesmo, uma nova filosofia de vida tão diferente da do ruralismo característico da África pré-colonial. (s/d:53)

Uma das figuras de maior relevo entre esses assimilados foi o jornalista João Albasini que, com o seu irmão, José Albasini, fundou o jornal *O Africano* (1908) e, mais tarde, *O Brado Africano* (1918). Este grupo de aculturados defendia, entretanto, um nativismo quase militante, expresso no uso recorrente, nos seus escritos, da língua nativa do Sul de Moçambique, o ronga, e na defesa eloquente da instrução dos seus "irmãos" negros, tal como podemos verificar neste excerto de um editorial do jornal *O Africano*, em março de 1909:

> Seremos tolerantes no que puder ser, mas muito duros na apreciação das várias patifarias, de que os pobres filhos do Ultramar são victimas [sic] e sobretudo, pugnaremos pela instrução.

Mestiço, filho de pai português e mãe negra, do grupo étnico ronga, João Albasini é o autor da primeira obra de ficção moçambicana, *O Livro da Dor* (edição póstuma, 1925), livro de características autobiográficas e atravessado por um marcado tom ultrarromântico.

Quase que na mesma linha estética, surgirá o poeta Rui de Noronha (1909-1943), que, inspirado intensamente pela poesia portuguesa do século XIX, terá publicado, também em edição póstuma, *Sonetos* (1946). Numa recente edição crítica da poesia de Rui de Noronha, intitulada *Meus versos* (2006) e com a chancela da Texto Editores, sob a responsabilidade rigorosa e exaustiva de Fátima Mendonça, vemos iluminados e esclarecidos aspectos importantes da trajetória poética deste autor.

Todas estas figuras, além de oscilarem do ponto de vista identitário, flutuam entre duas margens: por um lado, uma intervenção cívica e política, através da imprensa, com artigos de opinião, editoriais e crônicas, muitas vezes de uma acutilância e de virulência devastadoras.

Por outro lado, a sua flutuação, numa pantomima involuntária e dramática de contradições, espraiava-se na forma como acabavam por legitimar aquilo que aparentemente denunciavam e combatiam. Isto é, tanto pugnavam pelos interesses dos africanos com quem se identificavam, como eram capazes de calorosamente reivindicar a sua condição ou a sua aspiração à cidadania portuguesa.

Além do mais, e por razões compreensíveis, a sua filiação estética estava claramente ancorada nos códigos europeus. É importante também recordar o papel desempenhado tanto pela igreja católica como pela protestante no processo formativo destas elites.

Será, porém, na década de 40, que surgirá aquela que é a primeira geração responsável por uma literatura que vincada, sistemática e conscientemente, se procura afirmar como moçambicana. Aglutinados à volta de um periódico, *Itinerário* (1941-1955), que se publicava na então Lourenço Marques, ou com intervenções pontuais nele, são jovens que, de forma inconformada e inovadora, mas adulta, dão início a uma produção literária não só de reconhecida qualidade estética, temática e ideológica, como também seguindo tendências diversificadas. É um movimento de emergência não só da consciência literária, mas também nacionalista, e que se verificava tanto em Angola, com a geração da *Mensagem* (Alexandre Dáskalos, Agostinho Neto, Manuel Lima, António Jacinto), como em Cabo Verde, com a geração da *Claridade* (Baltazar Lopes, Jorge Barbosa, Manuel Lopes).

Sem deixar de abraçar modelos provindos tanto da Europa, como da América Latina, casos do movimento modernista português e brasileiro ou da literatura nordestina brasileira, esses jovens poetas (negros, mestiços e brancos) distanciam-se da visão e do ideário dominante na literatura então em voga, a literatura colonial, que relatava e consagrava a saga do colono em África.

Como se sabe, a literatura colonial privilegiava uma visão legitimadora da presença colonial portuguesa em África, sobretudo do ponto de vista do imaginário, com representações mais ou menos marcadas da subalternidade dos africanos. Subalternidade cultural, racial, psicológica e ética, tal como confirma o seguinte exemplo, retirado do romance *A neta de Jazira*, de Maria Beira:

> O que lhes [aos negros] agradava era examinarem tudo, mesmo a mais insignificante minúcia, com aquela curiosidade infantil tão característica nos povos atrasados, para poderem, mais tarde, entre si, fazer os seus comentários, alguns não desprovidos de certo espírito crítico. (1957:113)

Regressando à geração do *Itinerário*, esta produzia uma poesia que não só se preocupava com temáticas universais, ou de natureza mais subjetiva e existencial, como também se debruçava sobre questões ligadas à realidade sociopolítica vivida em Moçambique num tom de revolta contra o colonialismo, de denúncia das arbitrariedades e injustiças geradas pela dominação.

Por outro lado, fazia-se a exaltação de valores estéticos e éticos locais, na afirmação de uma ordem filosófica distinta. Nesta geração, destacam-se nomes como os de Fonseca Amaral, Noémia de Sousa, José Craveirinha, Orlando Mendes, Virgílio Ferreira, Aníbal Aleluia, Rui Knopfli, Rui Nogar etc.

Esta geração será a grande responsável pela construção da imagem da moçambicanidade, ao adotar estratégias deliberadas, no entender de Gilberto Matusse (1998:76), na afirmação de uma identidade própria que se consuma na forma como se processa a recepção, adaptação, transformação, prolongamento e contestação de modelos e influências literárias.

Num misto de revolta, autoafirmação e esperança, o poema "Se me quiseres conhecer", de Noémia de Sousa, é uma expressão particularmente emblemática desta geração:

> E nada mais me perguntes,
> se é que me queres conhecer...
> Que eu não sou mais que um búzio de carne
> onde a revolta de África se congelou
> seu grito inchado de esperança.
> (2001:50)

A componente da oralidade, transversal à grande maioria dos autores, funciona como substrato cultural e como fator constitutivo da identidade da literatura moçambicana.

Outra voz importante próxima dessa geração é a de um jovem isolado, estudante em Coimbra, Portugal, e que deixou um conjunto de contos, que revelaram potencialidades de um grande escritor precocemente desaparecido. Falamos de João Dias (1926-1949), autor de *Godido e outros contos* (1952).

Nos inícios da década de 60, com o desencadeamento da luta armada (1964), os guerrilheiros nacionalistas irão produzir uma poesia que teve uma circulação mais restrita e que ficou conhecida como poesia de combate e que, sem grandes preocupações estéticas, estava mais virada para exprimir sentimentos de revolta, de confrontação e a utopia de uma nação por vir, livre e independente. Muitos destes textos seriam conhecidos pela maioria da população moçambicana depois da Independência Nacional, em 1975. Segundo Fátima Mendonça (1988:40), compromisso, ação e intervenção parecem ser as palavras de ordem que orientam esta literatura que, entre outras coisas, vem dizer que a arte não é monopólio de um grupo ou de uma classe.

Uma escrita em transição

Entretanto, os meios urbanos, sobretudo de Maputo (então Lourenço Marques) e Beira, através da imprensa e de algumas obras que iam sendo editadas, continuarão a registrar a progressiva afirmação desta literatura, no período anterior à independência. É, assim, que surge em 1964, da autoria de Luís Bernardo Honwana, uma das obras mais representativas da literatura moçambicana: *Nós matámos o cão tinhoso*. Conjunto de contos dominados pelo olhar infantil do narrador, trata-se de uma obra de maturidade, quer pela mestria da escrita, quer pela profundidade da representação do cotidiano dos africanos na sociedade colonial.

A década de 60 significará a consagração de autores como Orlando Mendes (com *Portagem*, 1966, primeiro romance moçambicano), José Craveirinha (*Xigubo*, 1964), Rui Knopfli (*Reino submarino*, 1962; *Máquina de areia*, 1964; *Mangas verdes com sal*, 1969), e a emergência de contistas como Carneiro Gonçalves e poetas como Heliodoro Baptista, Sebastião Alba ou Jorge Viegas.

Com o projeto *Caliban* (revista que teria apenas quatro números, entre 1971 e 1972), dirigido por Grabato Dias e Rui Knopfli, assistimos à afirmação de um exuberante compromisso estético, ao mesmo tempo que vemos afinarem-se os contornos de uma literatura que tem na diversidade temática e estética um dos seus principais esteios. Na nota introdutória à edição fac-similada, Eugénio Lisboa observa que foi num contexto de ansiedades, *ómens*[2] e expectativas que uma revista pequena, modesta e ostensivamente artesanal surgiu, no meio de uma realidade social e política que gritava mudança (Saúte, 1996).

Permanentemente se jogam, na e através da revista, equilíbrios entre a palpitação da subjetividade e dos materiais da escrita, por um lado, e o compromisso com o social, por outro. Tal é, por exemplo, o caso do poema "Sociedade de consumo", de Leite de Vasconcelos:

> Pelo entardecer
> seremos o que não temos
> enquanto a cidade não suspeita
> a nossa invejosa cumplicidade
>
> Voltaremos a casa
> pensamentos enlaçados
> mãos afastadas
> e na testa o mesmo vinco de ferocidade
> *(Caliban* n. 3-4, 1972)

O período que se segue imediatamente à independência de Moçambique em 1975 será dominado por um grande fervor revolucionário que contaminará as artes, a literatura moçambicana, em particular, e que fará com que haja uma produção maciça de textos literários, sobretudo através da imprensa, mas de pouca relevância estética. Aliás, este período, que se estende até meados da década de 80, será particularmente fértil em polêmicas, nos jornais e páginas culturais, onde calorosamente se opunham os que defendiam uma literatura política e ideologicamente alinhada e aqueles que se batiam pelos insubordináveis universais estéticos. A revista *Tempo*, por exemplo, era o palco por excelência desses confrontos de ideais que semanalmente caíam no domínio público.

A viragem da consolidação

Em meados da década de 80, a literatura moçambicana vai conhecer uma revitalização notável, quer pelo número dos autores

---

[2] Do Inglês *omen*: presságio, pressentimento.

e dos textos produzidos, quer pela qualidade e diversidade do que é publicado. É a explosão de uma liberdade subjetiva e criativa que vai permitir o relançamento de uma escrita que, nascida sob o signo de Prometeu, instituiu uma historicidade e uma aura próprias, em que o inconformismo do verbo e a inquietação identitária se fundem na sua imagem de marca.

Dois fatores influíram poderosamente para o movimento de renovação da literatura moçambicana na década de 80: primeiro, a criação da Associação dos Escritores Moçambicanos (AEMO), em 1982, que além de se instituir como um espaço de debate e de tertúlia, promoveu a maior parte dos escritores nela inscritos, através da edição dos seus livros.

Em segundo lugar, o nascimento da revista *Charrua* (1984), a partir da AEMO, que iria aglutinar algumas das mais importantes vozes da literatura moçambicana e em que se destacam pela qualidade da sua escrita: Ungulani Ba Ka Khosa, Eduardo White, Armando Artur, Marcelo Panguana, Suleiman Cassamo, entre outros. Trata-se de uma escrita irreverente e que se caracterizou pela afirmação de uma profunda liberdade estética e temática. A novela *Ualalapi* (1987), de Ungulani, será não só uma das experiências literárias mais arrojadas de afirmação desta geração, mas também de contestação aos poderes instituídos.

Entre os autores que se consagrariam tanto nas décadas de 80 como de 90, temos, também, Luís Carlos Patraquim, Aldino Muianga, Mia Couto, Paulina Chiziane, Filimone Meigos e Nelson Saúte.

A maior parte das obras destes autores é atravessada por temas diversos: desde os relativos à guerra civil (1976-2002), passando pelos temas do cotidiano, da mulher (Paulina Chiziane), até aos mais intimistas, caso da poesia de Patraquim, Armando Artur, Heliodoro Baptista ou Eduardo White. Nestes dois últimos, o erotismo é tão intensamente explorado que atinge, muitas vezes, laivos acentuados de despudor e lascívia:

> Ondula-te o corpo
> (música ou onda marítima ou relâmpago?)
> e posso emigrar no teu sangue
> como se navegasse no Nilo ou no Amazonas
> e antes da merda obnóxia me exaurir de todo
> para quedar-me assim: sepultado na luz
> de pobres amantes sem história
>
> (Baptista, 1987:104)

> Feliz ofício esse,
> o de te provar os gostos
> acidulados
>
> ou o de desbravar-te as colinas
> com as mãos repletas de desejo
> e a carne endurecida
> à beira da falésia.
>
> (Eduardo White, *O país de mim*, 1989)

Depois da vitalidade explosiva desta geração, observa-se, nos últimos anos, alguma recessão na produção literária em Moçambique, sobretudo em termos de variedade e qualidade. Concorrem para este efeito fatores como:

- a acentuada e galopante dissipação da cultura de leitura;
- os graves problemas de natureza vária que afetam a grande maioria da população;
- a inexistência de uma política nacional do livro;
- constrangimentos no campo editorial, cada vez mais desprotegido;
- um sistema educacional, sobretudo a nível do ensino básico e secundário, com dificuldade manifesta em promover hábitos e o gosto pela leitura nas crianças;
- a superabundante proliferação de subprodutos culturais promovidos pela televisão e que arregimentam a atenção e as preferências de uma juventude carente de referências e de orientação etc.

Os concursos literários que têm sido levados a cabo, regular e meritoriamente, por diferentes instituições no país, vêm acentuando, de forma crescente, a gritante disparidade entre a profusão dos textos submetidos e a pouca qualidade que muitos deles patenteiam. Não é, pois, por acaso que, inúmeras vezes, os prêmios não são atribuídos, optando os membros dos diferentes júris pelas menções honrosas.

Contudo, apesar deste quadro pouco animador, assiste-se, por outro lado, à escrita perseverante de alguns escritores que, vindos das décadas de 80 e 90, vão, com maior ou menor regularidade, trazendo a lume obras que vão mantendo viva a chama da literatura moçambicana; tais são os casos de Mia Couto, Eduardo White, Paulina Chiziane, Armando Artur, Aldino Muianga, Nelson Saúte e Ungulani Ba Ka Khosa.

Por outro lado, outras vozes, a nível da poesia, sobretudo, vão deixando registros que evidenciam uma produção com notas de qualidade apreciáveis. Tais são, entre outros, os casos de Guita Jr., Amin Nordine e Adelino Timóteo.

Um aspecto que notoriamente tem ressaltado para quem conhece o percurso da literatura moçambicana é a prevalência que a ficção tem estado a adquirir, sobretudo a nível do romance.

Até finais da década de 80, vimos que Moçambique se afirmou, sobretudo, como pátria de poetas, com as honrosas e pontuais exceções de João Dias, Luís Bernardo Honwana, Carneiro Gonçalves e Orlando Mendes, autor do único romance até aí conhecido, intitulado *Portagem*, do remoto ano de 1966.

Várias são as razões que podem ser encontradas para explicar este fenômeno novo no cenário da literatura moçambicana: prestígio e tradição do gênero romanesco, imposições editoriais e consumistas, gênero que aparentemente melhor se acomoda às exigências, oscilações e indefinições do mundo atual, crença numa maior possibilidade de êxito, entre outras.

No entanto, a principal razão parece residir, julgamos nós, no simples fato de as realidades africanas, em geral, e a moçambicana em particular, conterem em si uma fulgurante energia épica que pode ser vislumbrada nos cíclicos cataclismos naturais (secas, inundações, ciclones, etc.) e humanos (guerras, mudanças políticas violentas etc.).

Essa mesma energia pode também ser encontrada no sofrido, mas exuberante, cotidiano preenchido por inúmeras e variadas ocorrências, no misticismo dos lugares, no poder sortílego dos rituais e das tradições, na fervilhante e desconcertante reordenação das linguagens e dos imaginários etc. O épico, por conseguinte, traduzido tanto na atitude perante o meio envolvente como na própria recitação (Leite, 1996:13).

Esta vitalidade do gênero romanesco, nos últimos anos, pode ser atestada por títulos, entre ouros, como: *O sétimo juramento* (2000) e *Niketche – Uma história de poligamia* (2002), de Paulina Chiziane; *Palestra para um morto* (1999), de Suleiman Cassamo; *Os narradores da sobrevivência* (2000), de Nelson Saúte; *O último voo do flamingo* (2000) e *O meu pé de sereia* (2006), de Mia Couto; *Rosa Xintimane* (2002) e *Meledina (ou A história duma prostituta)* (2004), de Aldino Muianga; *O chão das coisas* (2003), de Marcelo Panguana; e *As duas sombras do rio* (2003), *As visitas do Dr. Valdez* (2004), *Crónica da Rua 513.2* (2006) e *Campo de trânsito* (2007), de João Paulo Borges Coelho.

Este último autor é aquele que tem protagonizado um dos casos mais fecundos na produção literária moçambicana dos últimos anos. Tendo-se iniciado em 2003, com 50 anos de idade, em quatro anos publicou quatro romances, acima mencionados, e dois volumes de contos (*Índicos indícios*, 2005), quase todos eles de qualidade indesmentível.

O que nos oferece o universo de ficção em Moçambique é, entre outros aspectos, a conciliação ou confrontação de múltiplas ordens e dimensões: o oral e o escrito, o latente e o manifesto, o tradicional e o moderno, o passado e o presente, o interdito e o permitido, o rural e o urbano, o nacional e o estrangeiro, o natural e o sobrenatural, o vivido e o imaginado, a vida e a morte, o local e o universal, a ordem e o caos, a cosmogonia e a escatologia.

Tendo em conta que um dos sinais de vitalidade de uma literatura tem a ver com a forma como ela se renova através não só do alargamento das suas opções estéticas e temáticas, mas também pela forma como novas vozes vão despontando, reinventando e recriando toda uma tradição que os anos vão sedimentando, não parece ser este propriamente o nosso caso, em que poucas vozes se destacam pela qualidade estética e pela profundidade dos temas.

Porém, vozes promissoras como as de Awaji Malunga (ficção, pseudônimo de Virgília Ferrão), Sónia Sultuane, Eusébio Sanjane, Chagas Levene (poesia) e outras que, concursos literários vão fazendo emergir, são um tênue, mas estimulante sinal de esperança de que o caminho inaugurado no século passado por figuras como João Albasini, Rui de Noronha, Craveirinha, Noémia de Sousa, Rui Knopfli, Luís Bernardo Honwana, tem estado, com maior ou menor dificuldade, a frutificar. Isto é, que os trilhos se aprofundam e que as margens se alargam.

Referências

ALBASINI, João dos Santos. *O livro da dor, cartas de amor*. Lourenço Marques: Tipografia Popular de Roque Ferreira, 1925.

ANDRADE, Mário Pinto. *Origens do nacionalismo africano*. Lisboa: D. Quixote, 1998.

BAPTISTA, Heliodoro. *Por cima de toda a folha*. Maputo: Associação dos Escritores Moçambicanos (AEMO), 1987.

BEIRA, Maria da. *A neta de Jazira. Romance*. Porto: Tipografia do Carvalhido, 1957.

DIAS, João. *Godido e outros contos*. [s.l.]: África Nova, 1952; Maputo: Associação dos Escritores Moçambicanos (AEMO), 1988.

HONWANA, Luís Bernardo. *Nós matámos o cão tinhoso*. Lourenço Marques: Sociedade de Imprensa de Moçambique, 1964.

KHOSA, Ungulani Ba Ka. *Ualalapi*. Maputo: Associação dos Escritores Moçambicanos (AEMO), 1987.

LEITE, Ana Mafalda. *A modalização épica nas literaturas africanas*. Lisboa: Vega, 1996.

MATUSSE, Gilberto. *A imagem da moçambicanidade em José Craveirinha, Mia Couto e Ungulani Ba Ka Khosa*. Maputo: Livraria Universitária, 1998.

MENDONÇA, Fátima. *Literatura moçambicana: a história e as escritas*. Maputo: Universidade Eduardo Mondlane (UEM), 1988.

NOA, Francisco. *A escrita infinita*. Maputo: Livraria Universitária, 1998.

NOA, Francisco. *Império, mito e miopia. Moçambique como invenção literária*. Lisboa: Caminho, 2002.

NORONHA, Rui de. *Sonetos*. (Org. Domingos Reis Costa). Lourenço Marques: Minerva Central, 1946. (obra póstuma)

NORONHA, Rui de. *Meus versos*. (Org. Fátima Mendonça). Maputo: Texto Editores, 2006.

ROCHA, Aurélio. "Associativismo e nativismo: Os fundamentos do discurso ideológico". In: RIBEIRO, Fátima; SOPA, António (Coord.). *140 anos de Imprensa em Moçambique*. Maputo: Associação Moçambicana de Língua Portuguesa (AMOLP), 1996. p. 29-47.

ROCHA, Ilídio. *A Imprensa de Moçambique. História e catálogo - 1854–1975*. Lisboa: Edição Livros do Brasil, 2000.

SAÚTE, Nelson [Coord. e apres.] *Caliban* [edição fac-similada]. Maputo: Instituto Camões/Centro Cultural Português, 1996.

SOUSA, Noémia de. *Sangue negro*. Maputo: Associação dos Escritores Moçambicanos (AEMO), 2001.

TRIGO, Salvato. "Literaturas Africanas de Expressão Portuguesa – um fenómeno de urbanismo". In: *Ensaios de literatura comparada afro-luso-brasileira*. Lisboa: Vega. p. 53-75. [s.d.]

WHITE, Eduardo. *O país de mim*. Maputo: Associação dos Escritores Moçambicanos (AEMO), 1989.

O livro da Dor, de João Albasini[3]

Que significado pode ter um livro como este para um leitor do nosso tempo? Publicado pela primeira vez, em 1925, *O livro da Dor*, pela linguagem, pela temática e pelo enredo é uma obra que se aproxima mais do imaginário e das práticas literárias do século XIX do que do século em que efetivamente surge. Daí a inevitabilidade da questão inicial, quer por simples curiosidade quer para aferir a proximidade ou o distanciamento que existirá entre uma leitura feita com os olhos desta nossa contemporaneidade apressada, materialista e consumista e os eventos narrados no livro.

Tanto o título como o subtítulo (Cartas de Amor) ressumam fatalidade e nostalgia. Por um lado, o determinante "O" e o complemento determinativo "da dor" encerram toda uma carga trágica que transforma o livro numa espécie de encarnação e concentração do sofrimento global.

Por outro lado, e ainda na sequência da analogia que encetamos entre o tempo da edição e o tempo atual de uma possível recepção, o subtítulo conduz-nos a outra pergunta talvez não tão dispensável: será que há ainda quem escreva cartas de amor? Esta interrogação decorre da nossa constatação cética diante quer da crise universal da escrita quer da crise, também generalizada, dos afetos.

Numa outra perspectiva, tanto o título como o subtítulo remetem-nos para uma dimensão que, envolta de certo modo no manto da controvérsia teórica, foi relançada pela modernidade pós-romântica: referimo-nos

---

[3] Julho de 2009.

à questão do gênero literário. Se do ponto de vista clássico, o gênero funcionava aprioristicamente como fator regulador tanto da escrita como da leitura, com o romantismo, já nos finais do século XVIII, esse entendimento foi fortemente abalado.

Ao pôr em causa os princípios e as regras clássicas, incontornáveis e prescritivas, o movimento romântico inaugurou a idade crítica que se prolonga até aos nossos dias. *O livro da Dor* é tributário desse movimento nos seus múltiplos aspectos.

Temos, assim, por um lado, uma espécie de ambiguidade do gênero. Afinal, esta obra é uma novela, um romance, um diário ou, simplesmente, aquilo que ela se diz ser, cartas de amor? Ou ela não será tudo isso ao mesmo tempo? E, em jeito de provocação, perguntamo-nos: qual a relevância destes classificadores para a compreensão deste livro?

Outro aspecto que torna inquietante, mas estimulante a leitura de *O livro da Dor* é o efeito do real que emana desta obra única de João Albasini. Esse efeito tem precisamente a ver com o forte apelo realista do texto que, através de representações de tempo, espaço, personagens e linguagens reconstitui, mesmo que fragmentária e residualmente, um determinado ambiente sociocultural e uma época. E talvez resida aí um dos grandes paradoxos deste livro.

Isto é, impondo-se inequivocamente como expressão da vida interior do sujeito cuja intimidade nos é revelada através de um longo e fraturado solilóquio, aí perpassa o que pode haver de mais caótico, incoerente e contraditório num espírito confundido e torturado por dúvidas e uma mágoa sem limites. É, pois, no meio desse turbilhão da intimidade e da voz emocionada do narrador/protagonista, que vemos cruzarem-se elementos que dão a nota realista do ambiente em que o drama se processa.

Assim, através dos topônimos (Catembe, Polana, Praça 7 de Março), das calculadas omissões de nomes de personagens eventualmente reais ("... nem gostei que *** saísse de casa", "Não zurzi hoje o *** porque é velho...", "deixa-me desabafar, M...,"), das notas de rodapé de sabor autobiográfico ("Nwambongolo * Grande burro. Alcunha dada ao autor, por ironia, pelo elemento indígena de Lourenço Marques"), o apelo do real mexe necessariamente com o universo de referências e de expectativas do leitor.

É nesta vertente que encontramos a representação, mesmo que a espaços, da complexidade social, racial, linguística e política da então colônia portuguesa, como o atestam as seguintes passagens:

> Não havendo quem esteja à altura de casar contigo; sendo notório que tinhas inclinação por mim – toda a gente via isso –; reconhecido por

> todos que o mumadji [branco] a casar com narras [negras] só é por dinheiro – e tens infelizmente exemplos na família – que foi que te causou espanto que eu te pedisse?
>
> Preciso, pois, de me casar. Onde está, porém, a mulher para realizar esse sonho? Na nossa terra e da nossa raça, quem está aí?
>
> Eu não posso meter em minha casa, pretas.

Entre outros aspectos, sobressai nestes exemplos uma problemática que tem muito a ver com o nativismo e com as elites africanas que emergiam na cidade colonial, revelando algumas das suas contradições e conflitos estruturais. Sobre esta matéria ainda há muito a dizer e pesquisar, sobretudo no que concerne aos processos de miscigenação, seja ela biológica ou cultural, e que nos pode ajudar a compreender algumas das tendências, comportamentos, ambiguidades e preconceitos, latentes e manifestos, que têm caracterizado a sociedade moçambicana desde o tempo colonial.

Um aspecto intorneável nesta obra e profundamente associado à fase exacerbada do romantismo, o ultrarromantismo, é o excesso de emoção e de sentimento que sobrepuja o universo de *O livro da Dor*. Raiando o patético, quando não mesmo o grotesco, na expressão do seu calvário interior, o sujeito surge-nos perturbadoramente desprovido de amor-próprio, anulando-se completamente perante a amada.

Não é, pois, por acaso, que vemos perfilar-se todo um conjunto de nomes e de adjetivos com os quais se autocaracteriza e se autoflagela: moribundo, vítima, vencido, vagabundo, náufrago etc. Será muito nesta vertente, em que o leitor se vê confrontado com uma das dimensões mais confrangedoras e redutoras da condição humana: a autocomiseração.

Finalmente, um traço marcante da modernidade desta obra é ela ser um livro sobre o próprio processo de escrita, enquanto criação, ou recriação. Essa dimensão autorreflexiva reconhece-se nos vários intertextos, implícitos e explícitos, que atravessam a obra e que resultam do fato de este autor/narrador revelar-se um leitor consumado e insaciável. Como que demonstrando, à imagem dos grandes nomes da literatura universal, que a condição primeira e última para se ser escritor é ser-se leitor. Notavelmente, é o intertexto bíblico que é mais pronunciado na sua obra. É, pois, daí que ele retira as grandes analogias, parábolas e lições para ilustrar a sua existência desafortunada: a de um sujeito envolto no manto enigmático e inapreensível do destino que, no seu caso, foi usurpado pela mulher que o levou à perdição.

Referências

ALBASINI, João dos Santos. *O livro da dor, cartas de amor.* Lourenço Marques: Tipografia Popular de Roque Ferreira, 1925.

Uma literatura na malha identitária[4]

A identidade pode ser uma fatalidade. Não me lembro do autor desta afirmação, não sei mesmo se ela terá sido alguma vez deste modo formulada. Parece-me, no entanto, intorneável algum nexo, mesmo que distante, com a obra *Identidades assassinas*, do franco-libanês Amin Maalouf. Em todo o caso, foi o que, de imediato, me ocorreu quando decidi meter mãos nesta reflexão, para abordar um tema sempre tão desafiador, tão presente e tão inesgotável: a questão da identidade, a partir da literatura moçambicana.

Entendendo a fatalidade como incontornabilidade, como sedução inescapável, qual olhar hipnótico e envolvente da serpente, julgo que pensar e discutir a identidade é das experiências mais resvaladiças, mais atraiçoantes, às vezes dolorosas, mas ao mesmo tempo mais fascinantes, a que nos podemos entregar. Não me enganaria muito se afirmasse que essa deverá ser eventualmente uma das ocupações intelectuais mais marcantes a que o homem, desde as suas origens, se tem dedicado, de forma latente ou manifesta.

Ora, partindo da imagem de si próprio devolvida pelo olhar dos outros ou pela superfície das águas serenas ou tumultuosas que o envolviam, e que o levariam a colocar-se a questão tão perturbadora: quem sou eu? Ou, então, passando pela inevitável comparação com outros seres, por semelhança ou por defeito, este muitas vezes produto

---
[4] Maputo, janeiro de 2014.

da sua imaginação, e que o levariam a acentuar essa mesma questão com contornos ainda mais dramáticos. Isto é, a problemática identitária no ser humano dificilmente esteve, alguma vez, desprovida de angústias e de tensões. Mesmo quando o recurso fosse a sublimação ou a dissimulação.

A arte, a literatura, em especial, enquanto culto da palavra, das linguagens e do imaginário, é um dos palcos, por excelência, privilegiado pela humanidade na busca interminável de respostas ou do aprofundamento das questões sempre movediças e desconcertantes inerentes à identidade e à existência. Questões que, hoje, no âmbito dos movimentos globais e acelerados de pessoas, produtos, imaginários, tecnologias, comportamentos e imagens, se agudizaram enormemente.

Direcionando o nosso olhar mais especificamente para o campo das literaturas africanas e sobretudo para aquilo que tem sido o percurso delas, ao longo de décadas, podemos verificar como elas claramente representam o conjunto de assunções, derivas, tensões, irresoluções e ambiguidades subsumidas no que se conhece das projeções identitárias. Fato que se deve essencialmente à circunstância de essas mesmas literaturas e os seus autores terem emergido e evoluído a partir do contexto colonial com todas as implicações e os seus correlatos sociopolíticos, culturais, linguísticos, éticos, vivenciais etc.

Olhando para o que é hoje a literatura moçambicana, nas suas múltiplas e variadas expressões e tendências, apercebemo-nos que a questão identitária não só subsiste, como também foi adquirindo outras colorações e formulações. Trata-se, por conseguinte, ou do efeito de uma determinada conjuntura local e global, ou de uma marca atávica que recupera, de forma mais ou menos diluída, uma tendência de escrita que teve, num passado não muito distante, uma profunda e intensa impregnação. Nos anos 60, 70 e 80, foram notórios e recorrentes os debates e as reflexões acerca do pertencimento ou não de um autor ou de uma obra a um determinado universo cultural e identitário.

Este é um fato que traduz, por si só, por um lado, as indeterminações e inconsistências em relação aos critérios que determinavam se uma obra ou um autor deveriam, ou não, ser identificados com uma determinada demarcação territorial. Por outro lado, os inúmeros e variados procedimentos textuais e opções temáticas, acabaram por projetar uma mundividência que nem sempre se apresentou de forma tão nítida e coerente e despida de tensões e contradições.

Como exemplo, podemos invocar o texto madrugador de João Albasini, *O livro da Dor*, edição póstuma de 1925. Obra que prenuncia uma problemática identitária que acabará por ser transversal à literatura moçambicana e africana, em geral, devido, por um lado, à sua filiação aos padrões estéticos, culturais e civilizacionais ocidentais e, por outro, à tematização de realidades locais ou a elas relacionadas.

Dominada por uma intensa ambiência ultrarromântica, dando corpo a um dos gêneros literários, o epistolar, que marcaria o século XIX europeu, traduzindo toda uma religiosidade filiada à tradição judaico-cristã e cultuando, quase que de forma voluptuosa, a língua portuguesa, que a partir daí ficaria registrada como língua literária, a obra de João Albasini incorpora significativos elementos locais: os registros e a carta em língua local (landim ou ronga), a onomástica, as referências nativas etc.

Elementos esses que tanto se harmonizam como conflituam, tal como se irão revelar, com outros matizes, em Rui de Noronha e, com outras virtualidades e consciência em Fonseca Amaral, João Dias, Noémia de Sousa, José Craveirinha, Rui Nogar, Aníbal Aleluia, Orlando Mendes e outros. Mas será com Rui Knopfli que toda essa trama identitária irá adquirir contornos e profundidades verdadeiramente desconcertantes e desafiadoras.

Aliás, será com este autor, oscilando entre a busca e a negação dessa busca, entre diferentes imaginários, entre atos deliberados e outros não tão deliberados, entre sentimentos de pertença e de autoexclusão, entre o local e o universal, entre o ambíguo e o indubitável, entre o indivíduo e o grupo, entre, enfim, a igualdade e a diferença, que se dilatará a malha identitária não só da literatura moçambicana, mas também dos vários sujeitos nela representados.

E a ideia de malha identitária adquire com este autor toda a legitimidade e plausibilidade, pois quer a sua escrita quer o sujeito que foi ganhando forma, enquanto efeito dessa mesma escrita, mostraram a complexidade dos embricamentos que fazem de ambos, por um lado, uma mescla quase indiscernível de referências culturais, influências, cruzamentos e, por outro, as ligações intermináveis com outros universos existenciais e identitários.

Mesmo nos casos em que diferentes autores foram fazendo ou opções estéticas e temáticas resgatando uma especificidade cultural marcada por sonoridades e registros de matriz bantu (José Craveirinha, Luís Bernardo Honwana, Ungulani Ba Ka Khosa, Aldino Muianga ou Suleiman Cassamo) ou abrindo-se a uma cosmovisão mais universalista (Luís Carlos Patraquim, Heliodoro Baptista, Eduardo White, Armando Artur), não é possível atracar a sua escrita a perspectivas identitárias fechadas, transparentes, monolíticas e maniqueístas.

Premonitórias, instrutivas e proféticas são as palavras de Rui Knopfli, em "Cântico Negro": "Tenho esperança porém; um dia/ compreendereis o significado profundo da minha/ originalidade: I am really the Underground." (1982)

Originalidade que, mais ou menos subterraneamente, iluminaria e atravessaria o tempo repercutindo-se nas gerações que se vão afirmando no pós-independência em especial na projeção de uma subjetividade plena e cosmopolita, de todo um lirismo irreverente e das temáticas multifacetadas e ousadas.

Não surpreende, pois, que de forma crescente e consistente, hoje, uma das vertentes mais dinâmicas da literatura moçambicana eleja como temas prediletos, por um lado, a viagem real ou imaginária (*Janela para Oriente*, 1999, de Eduardo White; *Viagem à Grécia através da Ilha de Moçambique*, 2002, de Adelino Timóteo; *Viagem profana*, 2003, de Nelson Saúte) e, por outro lado, e de forma muito interligada, o tema do mar (*Dentro de mim outra ilha*, 1993, e *NónuMar*, 2002, de Júlio Carrilho; *Gritos do Índico*, 2004, de Bento António Martins; *Índicos indícios*, 2005, de João Paulo Borges Coelho, *Mesmos barcos ou poemas de revisitação do corpo*, 2007, de Sangare Okapi).

E a malha, aqui com contornos inequivocamente marítimos, serve não só para distender e aprofundar significativa e exuberantemente a ideia de identidade, seja ela individual ou coletiva, mas sobretudo para definitivamente retirar o monopólio da terra como critério quase exclusivo de afirmação identitária. Como ensinaria o escritor e poeta português, Miguel Torga, o universal é o local sem muros. E assim se faz e se vai refazendo a malha identitária da literatura moçambicana e não só, com semelhanças e diferenças, com continuidades e rupturas, mas sempre com uma generosa e estimulante abertura ao mundo.

Referências

ALBASINI, João dos Santos. *O livro da dor, cartas de amor*. Lourenço Marques: Tipografia Popular de Roque Ferreira, 1925.

KNOPFLI, Rui. "Cântico negro". In: *Memória consentida*. Lisboa, Imprensa Nacional Casa da Moeda, 1982.

MAALOUF, Amin. *Identidades assassinas*. (1998); Lisboa: Difel, 2009.

SAÚTE, Nelson. *A viagem profana*. Maputo: Marimbique, 2003.

TIMÓTEO, Adelino. *Viagem à Grécia através da Ilha de Moçambique*. Maputo: Ndjira, 2002.

WHITE, Eduardo. *Janela para Oriente*. Lisboa: Caminho, 1999.

Nghamula, o homem do tchova, ou o eclipse de uma nação[5]

> Porque já não se trata apenas deste problema com o serviço das águas e dos esgotos, percebem. É a sociedade toda que tem de ser limpa, desinfectada...
>
> Dr. Stockmann, em *Um inimigo do povo*, de Henrik Ibsen.

Qual a fiabilidade de uma obra de ficção na interpelação que ela faz a uma determinada realidade? Onde começam e terminam os limites de razoabilidade do que ela nos propõe? Através do percurso de uma personagem pode um povo, ou uma nação inteira, ver-se aí retratada? Estas, entre várias, são algumas das questões que me assaltaram durante a leitura de *Nghamula, o homem do tchova (ou O eclipse de um cidadão)*, o último romance de Aldino Muianga.

E o fato de essas mesmas questões terem como denominador comum a relação entre a literatura e a realidade é, no mínimo, revelador. Não se trata de uma ideia pré-concebida ou de uma predisposição minha nesse sentido, como leitor, mas sim efeito da forma como esta obra está construída, com uma forte intencionalidade realista traduzida na referência a lugares do mundo real (Massinga, Estrada Nacional Número Um, Maxixe, Manhiça, Matola, Hospital e Bairro Militar), a fatos (guerra civil, cheias de 2000, conflitos sociais e conjugais), linguagens (dos militares, dos ven-

---

[5]   *Jornal Notícias*. Maputo, 15 ago. 2013.

dedores de rua, dos mutilados), objetos (tchova, armas, viaturas, bancas de mercado), atitudes e comportamentos (valentia, covardia, traições) etc.

Será, porém, não apenas neste conjunto de referências, mas sim no modo como são narrados os acontecimentos e descritos os fenômenos e as personagens, onde o pendor realista deste livro atinge contornos verdadeiramente inquietantes, diria mesmo, avassaladores. Não tenho por hábito apegar-me às interpretações e comentários feitos pelos autores em relação às suas próprias obras. Contudo, numa recente conversa com o autor deste livro, normalmente uma figura discretíssima, ponderada e de uma humildade exemplar, características que curiosamente acaba por, de certo modo, transferir para a sua escrita, comentei o fato de esta sua última obra ser profunda e surpreendentemente corrosiva e pessimista. Ao que ele me respondeu, mais ou menos com as seguintes palavras: "Não dá mais para segurar, nem ficar indiferente ao que está aqui a acontecer".

E julgo que esse deve ter sido o dilema do Aldino, isto é, a articulação que se pretende harmoniosa entre ficção e mundo real, afinal um falso dilema, visto que ela acaba, de fato, por se instituir como a grande vocação dos escritores e dos artistas africanos, em geral, e que, no âmago do seu processo criativo, não se conseguem alhear da realidade de onde provêm e que os envolve, os questiona, os fascina ou simplesmente indigna. E julgo que a "Introdução", excerto de um texto do brasileiro Ruy Barbosa, bem como a "Nota do Autor" acabam por preparar o terreno para o leitor em relação ao desenvolvimento da história que vai ler.

Esta é, pois, uma narrativa fortemente dominada por uma personagem, Nghamula, cuja trajetória assemelha-se a dos heróis trágicos, no que ela representa de ascensão e queda, por um lado, e do destino, por outro, ao qual não conseguiu fugir, como se uma força superior assim o tivesse determinado. A sequência de pungentes adversidades vividas por Nghamula obrigou-me a uma comparação, com todas as naturais distâncias obviamente observadas, com Justine, protagonista do livro que eu acabara antes de ler, *Os infortúnios da virtude*, de Marquês de Sade.

E o romance de Aldino Muianga é inequivocamente um questionamento impenitente sobre os princípios e valores que devem embasar as relações e os comportamentos humanos, por um lado, e os que devem mover a condução e a construção de um país, por outro. Qual, afinal, é o lugar para a virtude, a retidão, a dignidade, a verticalidade, a lealdade, a solidariedade, a gratidão e o reconhecimento numa sociedade que, no concerto das nações, se quer elevar e fazer respeitar?

Nghamula segue uma curva elíptica que o conduz da humilde condição de um pequeno pastor que cuida das manadas paternas em Dingane, no interior de Inhambane, passando pela condição de verdadeiro herói e respeitado oficial do exército governamental embrenhado numa guerra fratricida e tenebrosa e acabando, novamente, na mesma condição humilde, só que desta feita, marginal e de abandono, tal como muitos outros na mesma situação que a sua:

> Aquela era uma multidão de degredados abandonada a si própria. Dir-se-iam um hospício de seres desarticulados de qualquer comando, confinados nas suas deficiências físicas, sob dependência dos que os alojaram. [...] As mesadas tardavam a chegar, retidas nas burocracias da Direcção de Finanças. Os mutilados conheciam dias de fome. As feridas internas das deficiências reabriam. O sentimento de inutilidade dos seus esforços eram [sic] evidentes nos comportamentos. Pouco faltou para se levantarem em motins. (p. 74)

Daí que, não lhe restando outra saída, e dado o seu espírito independente, Nghamula abandona o Centro de Mutilados e decide assegurar a sua sobrevivência vendendo produtos na varanda frontal de uma loja, num bairro suburbano, ou empurrando penosamente o tchova, viatura de tração humana.

Nghamula é, afinal, a metáfora implacável de uma nação em acelerada degradação que despudorada e ostensivamente remete para o esquecimento e para a ignomínia aqueles que dão e deram o melhor de si para melhor a servirem.

A obra é profundamente atravessada pela dureza dos eventos e das situações vividas pelas personagens e por uma feroz descrença do narrador sobretudo em relação aos poderes instituídos e à podridão crescente da sociedade, o que o leva a escalpelizar, quase que de forma cirúrgica, as injustiças praticadas, os conflitos familiares e pessoais, os desvios comportamentais, as traições, os vícios, as incompreensões, o abandono e a miséria a que é votada toda uma população já de si vulnerável:

> Floriram lugares de pasto, de consumo de bebidas alcoólicas e, até, centros de diversão de reputações duvidosas. Homens e mulheres aí pululam ao encontro de sublimação para as tensões do quotidiano. Adolescentes desviam o caminho das escolas ao encontro das drogas, gravidezes, corpos de fetos embrulhados em folhas de plásticos decompõem-se nos montes de lixo. Cabeças humanas decepadas acham-se nos cruzamentos dos caminhos. É Gomorra transfigurada. (p. 76)

Para o narrador, tal como o Bairro Militar, a "Praça do Cinema 700 tornara-se a feira do caos e da desordem" (p. 81) e surge-nos, na obra, como uma imagem do país:

> O colorido de outrora desbotara-se. Os edifícios acusavam o rigor das intempéries. Sucessivas épocas de canícula e chuvas corroeram as pinturas e deixaram os rebocos a nú. Eram o espelho da negligência das autoridades municipais – não temos verba! – diziam. Marginais provenientes de outros mercados aqui acertam os seus negócios. Agentes da polícia e malfeitores confraternizam. Mulheres de má reputação e corpos cansados para aqui afluem e recrutam parceiros para a prostituição. Adolescentes, homens e mulheres contaminam-se alegremente. As dê-tê-ésses[6] disseminam-se nos lares. (p. 81)

Não poderia haver quadro mais eloquente de um país que parece ter perdido a capacidade de rebuscar na sua memória coletiva inspiração e referenciais para se manter em pé e olhar para o futuro com a dignidade e a clarividência que as gerações futuras, se forem capazes, irão cobrar.

Há, no entanto, por outro lado, dois corretores que funcionam como sinais de esperança no meio do lamaçal humano e social representado em Nghamula. O primeiro tem a ver com o apelo recorrente ao sonho. Seria interessante e ilustrativo fazer-se um levantamento estatístico sobre a reiterada presença do sonho na narrativa. Apenas alguns exemplos: "Sonhou [Nghamula] sonhos impossíveis: achou-se a navegar num paquete luxuoso ao longo da Estrada Nacional Número Um..." (p. 13); "As imagens do sonho enovelavam-se, tingidas de cores esbatidas, crepusculares e indecifráveis. Vagava numa atmosfera de leveza, de um estado de tranquilidade voluptuosa, como o que se experimenta nos estados de agonia" (p. 17); "A aventura idílica com que alguns sonhavam o ingresso no exército deixava de o ser." (p. 23); "Sentia que o seu mundo se esboroava, que o sustentáculo dos seus sonhos era movediço, falso e frágil". (p. 52-53)

O sonho aparece-nos, em Nghamula, como um espaço de respiração da imaginação, como lugar de negação de uma realidade agreste, ameaçadora e insuportável. No essencial, é um espaço íntimo, muito pessoal, de uma liberdade ilimitada e compensatória. Mas o sonho cumpre também uma função poderosamente catártica, mesmo quando adquire uma dimensão alucinatória, isso quando Nghamula, muito ferido e maltratado em combate, dá entrada no Hospital do Chongoene:

---

[6] DTS: Doença de Transmissão Sexual. Ou DST: Doença Sexualmente Transmissível.

> Uma estranha e agradável exaustão apodera-se da mente. É uma sensação de quietude, um alívio que ameniza a dor, aquele estado de sonolência que augura um sono longo e profundo. Escorrega na rampa do delírio, num movimento suave que o conduz à tepidez das águas dos lagos de Dindane. (p. 60)

E um dos momentos de maior vibração narrativa e, paradoxalmente, mais acentuados em termos de interpelação da realidade, mesmo que de forma alegórica, vamos encontrá-lo no longo e prodigioso sonho de Girafa, companheiro inseparável de Nghamula:

> Um denso nevoeiro envolve os horizontes dos sonhos do Girafa. Naqueles, a princípio desfilam imagens difusas que se sobrepõem umas às outras, como se envolvidas num tumulto, em cenários de paisagens e de lugares que ele desconhece. (p. 98)

Interessante o fato de ser através de um sonho e de uma personagem secundária onde encontramos um dos momentos mais significativos e mais arrebatadores do romance.

Num delírio intenso e pleno de intencionalidade crítica, reconhecem-se as mensagens subliminares que expõem as marcas de uma trajetória coletiva, sempre com recurso a uma ironia feroz e devastadora, que resgata registros discursivos e slogans que fizeram fortuna nos últimos 30 anos da história deste país e que são uma revisitação desassombrada, quando não burlesca, de todo um acervo terminológico, atracado a um determinado imaginário e certos costumes, nem sempre exemplares: "as estruturas já estão estruturadas e bem montadas"; "Participámos em workshops"; "Aqueles que tentarem travar a marcha da nossa revolução pagá-lo-ão com as suas próprias vidas"; "o plano estratégico de despovoamento humano"; "A ideia central na nossa política é desenvolver o sub-desenvolvimento, no campo e nas cidades"; "aliviar a nossa sociedade de marginais cheios de ideias subversivas"; "orientações emanadas do nosso último congresso"; "No parlamento não queremos dorminhocos, parasitas do esforço popular"; "vamos acabar com a fome"; "Grandes exemplos de empreendedorismo"; "O nosso país está cheio de verdadeiros empresários"; "Somos mandatados para acabar com o imobilismo e a corrupção"; "combate ao anti-cabritismo"; "Promovemos o fecalismo a céu fechado"; "parceria inteligente"; "acordo com a empresa chinesa Xiao Lin Tchova-Xitaduma Incorporated, sediada em Xanghai", etc...

Além das representações oníricas, encontramos na forma como o narrador explora as relações humanas, sobretudo entre os mais desfavorecidos, gente simples e sofrida, onde são inúmeras as demonstrações de afeto, de solidariedade, de entreajuda, de companheirismo, como se na "Gomorra a pedir o incêndio da transformação" (p. 81), ainda subsistissem dimensões do que existe de mais nobre e genuíno na condição humana.

Este é, pois, o segundo corretor em relação ao ambiente cético e amargo que envolve esta narrativa e que tem a ver com o grupo multifacetado dos companheiros do infortúnio, gravitando à volta de Nghamula. São personagens que irão certamente enriquecer sobremaneira a galeria de personagens inesquecíveis da literatura moçambicana. Refiro-me, neste caso, a Girafa, Mão de Vaca, Frank, o Drugman, mamã Nwa-Mawayela, mana Aidinha, Romão Chimbhutso, Jojo...

Na sua vivência simples, nas múltiplas peripécias em que elas se envolvem, mesmo que raiando algumas vezes a marginalidade, estas são personagens que parecem representar o que ainda sobrevive de profunda humanidade numa sociedade onde as marcas do desgaste físico e moral são manifestas. E Nghamula, apesar da sua solidão interior, apesar da sua mutilação física, apesar do desencanto que o empurra irremediavelmente para o álcool, é, e nisso reconhecido por todos, o esteio e o resguardo moral em quem se inspiram e recorrem aqueles condenados da terra.

Entre outros, dois momentos são profundamente significativos de como a liga humana que une todas aquelas criaturas é um aceno de esperança que, obliquamente, a obra parece transmitir. O primeiro encontra-se representado na morte de Frank, o Drugman, e nas cerimônias fúnebres que os amigos lhe prepararam:

> Uma onda de consternação abateu-se sobre o lugar. Frank era um ícone, o símbolo dos deserdados da sorte. Representava para muitos o que mais existia de modéstia e de camaradagem. [...] Nghamula tomou à sua responsabilidade, era o irmão mais velho, a direcção de todas as diligências para que o companheiro tivesse um funeral digno. Como sinal de luto, esse dia a banca não abriu. [...] O bairro em peso contribuiu para a aquisição da urna. (p. 91)

O segundo momento, também ele provido de uma enorme carga emocional, surge-nos quase no final, quando Nghamula tem um ataque epilético e é posteriormente despejado da dependência alugada pela mamã Nwa Mawayela:

Aquele foi o serão mais triste na casa da mamã Nwa Mawayela. O círculo dos amigos de Nghamula, presidido por ele próprio, sentou-se à mesa, isto é, ao redor daquela espécie de mesa, e lançou dados para se interrogar e discutir que sentido fazia a sua vida, que se entretinha a pregar-lhes partidas, uma a seguir à outra, todas sem decôro, injustas, para deixá-los à mercê do nada, de si próprios.

Estas são, pois, algumas possíveis linhas de leitura e que me foram suscitadas por este último romance de Aldino Muianga. Não posso deixar, para terminar, de ressaltar a preocupação do autor em documentar-se conscienciosamente em relação às múltiplas questões que a sua obra aborda, demonstrando, uma vez mais, que a literatura é essa metáfora epistemológica, como ensina Umberto Eco, lugar, enfim, onde todos os saberes se encontram representados e disseminados. Esta é uma história que tem tanto de fascinante como de perturbador. Sobretudo pelos inevitáveis apelos que ela faz à nossa condição e à nossa consciência de cidadãos de uma nação, afinal, ainda por existir.

Referências

MUIANGA, Aldino. *Nghamula, o homem do tchova (ou O eclipse de um cidadão)*. Maputo: Alcance Editores, 2012.

Representações das relações de poder na literatura moçambicana:
do colonial ao transnacional[7]

> *Storytellers are a threat. They threaten all champions of control, they frighten usurpers of the right-to-freedom of the human spirit - in state, in church or mosque, in party congress, in the university or wherever.*
>
> [Os contadores de histórias são uma ameaça. Eles ameaçam todos os campeões de controle, eles intimidam os usurpadores do direito à liberdade do espírito humano – no estado, na igreja ou na mesquita, no partido, na universidade ou onde quer que seja.]
>
> <div align="right">Chinua Achebe. <i>Anthills of the Savannah.</i></div>

Introdução

Ao abordar as relações entre a arte e o poder, seja no plano político, econômico ou religioso, somos inevitavelmente empurrados para um tipo de análise que acaba por ter um incontornável alcance sociológico. Mais a mais se tivermos em conta que a arte africana, no ge-

---

[7] Comunicação apresentada ao V Encontro de Professores de Literaturas Africanas / I Encontro da Associação Internacional de Estudos Literários e Culturais Africanos – AFROLIC – Identidades africanas e comunitarismo supranacional: aproximações, tensões, fricções. Universidade Federal do Rio Grande do Sul. Porto Alegre, RS, Brasil, 5-8 out. 2013.

ral, mantém um indissolúvel e estruturante diálogo com o meio de onde ela emerge o que a faz estabelecer uma instrutiva conversação ou com uma certa intemporalidade mítica, ou com os movimentos corriqueiros do cotidiano, ou, então, com condicionalismos determinados ditados por lógicas do poder que atravessam a história das nações africanas, antes e depois das independências.

Numa perspectiva mais enviesada, poderemos afirmar que toda a literatura configura, em certa medida, relações de poder, o que lhe dá, nesse contorno, uma dimensão política, não apenas por ela surgir a partir de uma determinada esfera temporal e espacial, mas também por através das estratégias de representação, ela subverter ordens discursivas dominantes.

Numa tentativa de ilustrar a especificidade dessas relações de poder, no caso concreto de Moçambique, e num intento de mostrar mais do que de dizer, passo a apresentar registros de intervenções de alguns dos atores mais emblemáticos da literatura e da cultura moçambicana que, embora em forma de excertos, encerram significados inequívocos. Comecemos, pois, por Noémia de Sousa, numa entrevista a Michel Laban (1998), explicando a sua saída de Moçambique para o exílio, em 1951, em pleno período colonial:

> ... estava a ser perseguida, havia assim uma espécie de cerco das minhas actividades na Associação Africana, dessas coisas, da polícia. Começava a sentir-me, sabe, muito cercada... Depois, o que acontece é que, de facto, as pessoas do outro lado – filhos de colonos e pessoas já doutro sector com quem eu me dava –, era tudo gente de esquerda, da oposição. [...] Porque as coisas feitas pelo Poder não tinham graça nenhuma, era tudo enquadrado, era tudo enquadrado ou pela Mocidade Portuguesa ou por gente do Poder, está a perceber? (p. 317)

Segue-se Aníbal Aleluia:

> O racismo aqui [no Moçambique colonial] era rigoroso. Nos elevadores, nas entradas dos prédios e, até, nos autocarros. Uma noite, vinha eu do colégio com um moço branco, meu condiscípulo, e juntos apanhámos o carro n° 7, completamente lotado na parte traseira que era destinada aos negros e com muitas cadeiras vagas adiante convencionalmente destinadas aos brancos. Entrei e dirigi-me para lá, tendo o cobrador exigido que eu me sentasse no único lugar que havia atrás. Recusei-me. Paguei e sentei-me numa cadeira que era para "brancos". O cobrador obrigou-me a sair do autocarro. (p. 31)

O mesmo Aníbal Aleluia, referindo-se ao clima que reinaria em Moçambique, imediatamente após a independência do país, em 1975, afirma:

> Eu poderia ter sido preso – nessa altura prendia-se por tudo e por nada; poderia ter sido chicoteado na praça; poderia ter sido deportado para sempre. Não acha que é ocioso provocar mais histeria? Com mais vagar talvez eu aborde o assunto no futuro. (p. 27)

Coincidindo com este depoimento de Aníbal Aleluia, e em alusão ao mesmo período, encontramos José Craveirinha reproduzindo uma conversa tida com o poeta Fonseca Amaral que regressaria a Moçambique depois da Independência, mas que se decepcionaria logo em seguida:

> Ele voltou eufórico. Mas depois foi-se embora e disse-me: "Quando te fazem a ti [José Craveirinha], não há nada a esperar. Vou-me embora!". Ele trabalhava no Instituto Nacional do Livro e do Disco; os livros didácticos passavam por ele, desde o princípio, desde o projecto. Então ele viu a serem rejeitados trabalhos meus! E ficou chocado: "Quando te fazem a ti! Então e eu? Qual é o meu papel? Qual é a minha posição? Não querem que tu apareças nos livros didácticos e depois vão buscar não sei aonde. Alto lá, aqui há coisa! Já não posso ficar aqui! Vou-me embora." (p. 108)

A dado passo da sua conversa com Michel Laban, José Craveirinha não deixa também de recordar o seu encarceramento, tal como o do poeta Rui Nogar, do pintor Malangatana e de Luís Bernardo Honwana, num tempo outro, no auge da dominação colonial, nos anos 60, e nos labirintos da luta na clandestinidade contra a presença portuguesa:

> Foi um favor que a PIDE [polícia política portuguesa] nos fez – foi a PIDE que nos juntou. Alguns de nós sabíamos da existência de outros, mas não nos conhecíamos: a cadeia é que nos uniu. Por exemplo, a tentativa de evasão do Rui Nogar da cadeia: só eu é que sabia, eu é que lhe dei a corda, eu é que puxei a corda. [...] O Malangatana é diferente [do escultor Chissano], é um ser muito especial. Fui eu que o puxei: aderiu. [...] Ele [Luís Bernardo Honwana] pertencia ao mesmo grupo mas num outro sector. Porque aquilo eram grupos e só se contactavam através de um só: se houvesse azar, só descobriam um. (p. 116)

E mesmo para terminar esta curta introdução contextualizadora sobre as relações de poder e a literatura, em Moçambique, não resisto a acrescentar parte de um depoimento de Rui Knopfli concedido a Nelson Saúte no livro *Os habitantes da memória. Entrevistas com escritores moçambicanos* (1998:287):

> Nós [José Craveirinha, Noémia de Sousa, Ricardo Rangel, Aníbal Aleluia, entre outros] estávamos a ser passados a pente fino e a ser maltratados [anos 40 e 50]. É evidente que só fui enxovalhado e humilhado por palavras. Isso também dói. Não fisicamente, mas dói. O Ricardo Rangel [mestiço] apanhou. A Noémia [mestiça], não vi, mas disseram-me. E o pobre do Aleluia [negro] apanhou muita porrada. Estas coisas sedimentaram depois a minha raiva. Ao menos deviam ter-me dado uma bofetada. A discriminação começava na PIDE. O branco [caso do próprio Knopfli] tinha tratamento preferencial.

Se a tudo isto somarmos as perseguições intermináveis e a censura prévia que sofriam aqueles que seriam responsáveis não só pela emergência de uma consciência nacionalista, mas também da hoje consolidada literatura moçambicana, não ficam dúvidas sobre o curso das relações de poder entre o poder político e a literatura, em Moçambique. Curso que iria ganhar contornos particulares no pós-independência, numa demonstração irrefutável de que a arte dificilmente escapa aos tentáculos dos poderes instituídos, seja para os legitimar seja para os confrontar.

O universo da literatura colonial: a negação do "outro"

Analisando a sociedade colonial, Robert Young (1995:95) considera que existia uma relação fundamental e estruturante entre raça, cultura e sexualidade, isto é, no movimento característico e ambivalente de atração e repulsa do colono em relação à mulher negra ou mestiça reside a economia sexual de desejo nas fantasias da raça, por um lado, e a economia da raça nas fantasias de desejo.

E era nessa base que, segundo ele, se materializavam grande parte das relações de poder nessa mesma sociedade. Sem negarmos completamente esta perspectiva de Young, entendemos que dada a complexidade dessa mesma sociedade, são sempre possíveis outros parâmetros e outros ângulos de visão, plurais e diversificados.

Zambeziana. Cenas da vida colonial, de Emílio de San Bruno, é um romance publicado em 1927, num contexto claramente caracterizado pela hegemonia da presença europeia materializada no discurso e nas ações

das personagens que denunciam não só a sobreposição de uma cultura em relação à outra, mas também o distanciamento entre as lógicas e os fundamentos que alicerçam essas mesmas culturas. Paulo é, pois, o jovem colono recém-chegado à Zambézia, região do centro de Moçambique, um dos protagonistas do romance, e é através dos olhos dele que uma determinada realidade nos é veiculada:
Paulo pode então observá-la à vontade.

> Efectivamente como o Lucena dissera, era uma criatura esquisitamente bela. Um corpo de estátua grega, côr de nogueira encerada, com uns tons de vermelho desmaiado, escuros onde a claridade não chegava...
> [...]
> – Efectivamente é esquisito isto! – pensava Paulo – isto é uma raridade! Uma preta assim com as feições tão correctas, com um nariz tão regular e a esbelteza do rosto... e o pé, que não é o espalmado pé da preta! O Lucena tinha razão! Isto é uma bela rapariga em toda a parte... e tem o cabelo corredio! Um pouco encrespado é verdade, mas nada que se pareça com as ásperas carapinhas... Com certeza esta rapariga na Europa fazia fortuna!... Isto é que é um verdadeiro bronze animado, um Benevenuto Celini vivo! – e Paulo, interessado interrogou-se: – Mas como aparecia este raro exemplar de mulher aqui? Nesta floresta tropical?... (p. 119)

Através deste pequeno excerto, é possível verificar como o olhar de Paulo se queda deslumbrado, num processo de descoberta, mas que mesmo assim, ou por isso mesmo, impõe o seu código de valores estéticos, éticos e civilizacionais. Código esse partilhado tanto pelo narrador como pelo autor implícito, tão indistintas são as fronteiras discursivas e ideológicas entre eles, numa clara demonstração de poder, assente na sobreposição cultural traduzida na sequência de analogias ("corpo de estátua grega", "pé que não é o espalmado pé da preta", "nada que se pareça com as ásperas carapinhas") e de juízos de valor ("criatura esquisitamente bela", "isto é uma raridade", "isto é um verdadeiro bronze animado").

A representação do corpo, neste caso da mulher negra ou mestiça funciona, assim, como um espaço não só de fantasia e de desejo, mas também, e sobretudo um articulado de formas de diferença sexual, racial e cultural, configurando o que Bhabha (1995:77) apelida de "aparato de poder", que o preconceito e o estereótipo irão ajudar a consagrar, enquanto realce da diferença, mas acima de tudo, da negação do direito a ser diferente.

Curiosamente, e muito lúcida em relação a esta questão, Noémia de Sousa, na referida entrevista a Michel Laban e a propósito do uso que ela fazia da expressão "mãe-África", responde de modo penetrante:

> Não sei se veio de algum sítio. Talvez por uma atitude de oposição à África que aparecia naquelas tentativas de colonos de escrever sobre África, quer dizer que a África surge sempre como uma coisa assim exótica, é sempre uma mulher assim um bocado esquisita, uma coisa selvagem... (p. 306)

Ao definir o desejo como terreno da micropolítica, onde o poder perde a sua dimensão coerciva e opressora, Félix Guattari (1986) vê esse mesmo poder como espaço produtor de saberes e de subjetividades. Contudo, o que o cotidiano colonial nos revela é uma permanente demonstração de um poder opressivo que sintomaticamente desvirtua saberes e anula subjetividades. Sendo as estratégias discursivas aquelas que mais vincavam essa forma de poder, o romance colonial reproduz, na sua lógica estruturante e legitimadora, as marcas mais profundas e impactantes das relações estabelecidas forçadamente entre dominadores e dominados.

Rebelião, utopia e o *topos* nacionalista

O momento que representa o surgimento e a configuração da literatura moçambicana como um sistema determinado e autoconsciente coloca de modo flagrante a questão das relações de poder, dentro e à volta da própria escrita. Para sermos mais precisos, diríamos que a sua condição de existir significou, logo de início, um pronunciamento específico e generalizado, um enfático ato insurrecional que encontrou na realização estética o seu lugar de afirmação, por excelência.

Acreditamos ser nessa origem e no conjunto das circunstâncias, entre outras que a rodearam, sobretudo as que se conjugam com a lógica da dominação colonial, onde podemos encontrar o pendor para uma certa gravidade que caracterizará parte substancial da trajetória da literatura moçambicana. Temos, assim, logo à partida, toda uma carga multidimensional onde se inscrevem a rebelião, a denúncia, a indignação, a reivindicação, a confrontação aliada a uma ironia *sui generis*, mas também a um indisfarçável sentido de esperança.

Se nos detivermos, por exemplo, num poema, dos anos 50, como "Hino à minha terra", de José Craveirinha, é notória a concentração em cada verso e em cada estrofe de toda essa carga pluridimensional que, a espaços, traduz um real afrontamento a uma ordem determinada quer em termos estéticos quer em termos desafiadoramente políticos:

> Oh, as belas terras do meu áfrico País
> e os belos animais astutos
> ágeis e fortes dos matos do meu País
> e os belos rios e os belos lagos e os belos peixes
> e as belas aves dos céus do meu País
> e todos os nomes que eu amo belos na língua ronga
> macua, suaili, changana,
> xítsua e bitonga
> dos negros de Camunguine, Zavala, Meponda, Chissibuca
> Zongoene, Ribáuè e Mossuril.
> – Quissimajulo! Quissimajulo! – Gritamos
> nossas bocas autenticadas no hausto da terra.
> – Aruângua! – Responde a voz dos ventos na cúpula das micaias.

Depositando no espaço onde, por excelência, se jogam as manifestações mais profundas das relações de poder, isto é, o discurso, o poeta José Craveirinha, à imagem de muitos outros como ele, instaura uma espécie de um território de afirmação individual e coletiva, na plenitude de uma exuberância vitalista e agonística. A reiteração da beleza da terra, da fauna, da flora, das línguas nativas, da toponímia aliada à ênfase colocada no possessivo (meu, nossas) e na adjetivação cuidadosamente selecionada (belos, áfrico, astutos, ágeis, fortes) não só vinca uma ansiedade identitária, como também, e consequentemente lança um repto a todo o processo e a todo o sujeito de usurpação.

Atento a esta circunstância, Ngũgĩ wa Thiong'o (in Ruth Browne, 2012:3) considera que a literatura assume, nessa perspectiva, a tradição de resistência e emerge como sociopoliticamente engajada e por isso relevante.

Temos, por conseguinte, um movimento de escrita dos autores africanos num sentido que não só não consegue ficar indiferente às arbitrariedades e manifestações hegemônicas do discurso e das práticas coloniais, como também as denuncia e confronta. Daí que, consequentemente, e como aponta Ngugi, essa literatura adquire, desse modo, não só relevância, mas também legitimidade. Através das emanações do discurso é como se o poder, tal como o já vetusto, mas sempre atual ensinamento maquiavélico, fatalmente tivesse gerado o seu contrapoder.

A importância do discurso nas relações de poder é vincada também por Michel Foucault (1979), que considera que existem relações de poder múltiplas que atravessam, caracterizam e constituem o corpo social e que estas relações de poder não se podem dissociar, estabelecer nem funcionar sem uma produção, uma acumulação, uma circulação e um funcionamento do discurso.

No "Poema da infância distante", de Noémia de Sousa, a força de enunciação torna presentes e dinâmicos os quadros diversificados da sociedade colonial tanto do ponto de vista racial e étnico, como socioeconômico. Deparamo-nos aqui com um jogo de temporalidades, em que se parte de um passado mítico, idílico e inocente:

> [...]
> – Figuras inesquecíveis da minha infância arrapazada,
> solta e feliz:
> meninos negros e mulatos, brancos e indianos,
> filhos da mainata, do padeiro,
> do negro do bote, do carpinteiro,
> vindos da miséria do Guachene
> ou das casas de madeira dos pescadores,
> Meninos mimados do posto,
> meninos frescalhotes dos guardas-fiscais da Esquadrilha
> – irmanados todos na aventura sempre nova
> dos assaltos aos cajueiros das machambas,
> no segredo das maçalas mais doces,
> companheiros na inquieta sensação do mistério da "Ilha dos navios
> [perdidos"
> – onde nenhum brado fica sem eco.

para se mirar um futuro colocado como contraponto a um presente insustentável. Daí que

> Um dia,
> o sol iluminará a vida.
> E será como uma nova infância raiando para todos...

A utopia funciona, pois, não só como ato emancipatório, mas sobretudo como grande arremedo de esperança, num festivo e luminoso desafio aos poderes instituídos. O vislumbre e a projeção de uma nação por vir impunham-se afirmadamente como um discurso de contrapoder.

Distopia e irreverência: a nação questionada

Uma das maiores virtualidades das literaturas africanas é, como referimos antes, a de terem nascido na contracorrente de um discurso e de um contexto histórico-político que declaradamente lhes era desfavorável, quando não hostil. Esta circunstância acaba por configurar-se de forma paradoxal, por a sua gênese enquanto fenômeno de escrita ter dependido desse mesmo contexto, ao mesmo tempo que o confrontava e o questionava.

Mais do que isso, o conjunto dessas literaturas concorreria decisivamente, ao estar na vanguarda da consciência nacionalista e identitária, para o ocaso de um sistema que representa, no lúcido olhar do nigeriano Wole Soyinka, "the very collapse of humanity" (Jeyifo, 2001:118). Indiscutivelmente, no caso concreto de Moçambique, a utopia de uma nação livre e independente é antecipadamente projetada na literatura, como o demonstram os exemplos da poesia de Craveirinha e de Noémia de Sousa.

E essa obsessão pela nação virá a acentuar-se logo após a independência política, em 1975, em que, no calor da revolução, a produção estética e cultural ficará subordinada a um monolitismo ideológico e doutrinário, de tal modo que os grandes debates que se irão desencadear nos finais da década de 70 e durante a década de 80 vão gravitar à volta de temas como a ideia de nação ou da sua consolidação assente na unicidade e na coesão, nacionalidade literária, identidade cultural, relevância ou não da dimensão estética...

E o que se vai aí assistir é que fatores extraliterários vão determinando a validade ou não da produção artística, ou o sentido de pertencimento a uma nação cultural que é forçosamente obrigada a identificar-se com a nação política, e onde o direito a ser diferente estava profundamente condicionado, quando não proibido. A inseparabilidade entre Estado, Governo e Partido fazia com que a ideia de nação adquirisse contornos problemáticos, para não dizer, em certos momentos, ameaçadores.

Daí que, uma vez mais, a literatura irá colocar-se na vanguarda enquanto nota dissonante, ou se quisermos, enquanto expressão suprema de contestação, isto é, de contrapoder. Para isso, contribuíram, entre outros fatores, quer o desencanto e a distopia inaugural protagonizada pelo poema "Saborosas Tanjarinas d'Inhambane", de José Craveirinha, de 1982, outrora campeão da utopia da nação que agora o defraudava, quer o surgimento da geração da *Charrua*, em 1984, grupo de jovens que levariam ao limite o seu inconformismo quer em relação à orientação literária então prevalecente, enfeudada na ideologia dominante, quer aos poderes do dia.

Um desses jovens, na época, é exatamente Ungulani Ba Ka Khosa. Por um lado, através da sua obra de referência, *Ualalapi*, de 1987, onde deliberadamente desconstruía um dos mitos pretensamente fundadores do novo país, e, por outro, através do seu livro de contos, com o emblemático título *Orgia dos loucos*, de 1990. E é desta última que retiramos o excerto que se segue, da narrativa com o também emblemático título "A revolta":

> A população, concentrada no grande pátio da administração, aguardou, inquieta, pela chegada do herói do distrito. A demora, própria das ocasiões solenes, não a perturbou, habituada que estava, desde os imemoriais tempos, a reverências e esperas. O que a preocupava era a razão do acto num dia não tabelado na História dos actos. [...]
> Em seguida, e num gesto brusco, [o administrador] retirou da salva de prata a folha do *Jornal Notícias*, desdobrou-a, e mostrou-a à população. Os que longe estavam não se aperceberam da razão do silêncio repentino, mas a estupefacção dos das primeiras filas levou-os a afinarem os olhos, e aí, sem grande esforço mental, aperceberam-se da gravidade do caso, pois é inadmissível que façam do retrato dum herói um simples e execrável papel higiénico, ideia aceite por todos, ou quase todos (sabendo nós que duvidosas são as ideias unânimes) que viram a imagem do chefe borrada por excrementos de desconhecida origem.
> – Eu sou merda? [pergunta feita pelo administrador]
> O silêncio foi total.

E contra o silêncio da multidão ali concentrada, alegoria, afinal, de todo um país, elevou-se o grito inconformado e sarcástico da escrita de Ungulani que, tal como outros da sua geração, provocava fissuras num ideal cada vez mais insustentável de nação, questionando-o e ridicularizando-o. A utopia da nação, tal como ela tinha sido idealizada pela literatura dos anos 50 e 60, e que seria inscrita e redimensionada no movimento revolucionário, entrava assim em crise, crise que se prolongaria e se disseminaria nos anos subsequentes. A ideia de nação difundida pelo partido-estado, ferozmente alicerçada na construção do homem novo, da nova sociedade e da liquidação da tribo para que nascesse a nação parecia transportar dentro de si o gérmen da sua própria negação.

Daí que ela se instituísse como uma poderosa imposição coletiva, com o seu potencial e acúmulo de hegemonia, homogeneidade, violência e de repressão e um interminável desfile de detratores e de inimigos. Paradoxalmente, parecia repetir-se, pelo menos a nível do discurso e com as devidas ressalvas, a lógica discursiva da dominação colonial que apregoava contraditoriamente uma nação una, multirracial e indivisível. Mais uma vez, a percepção foucaultiana de que as relações de poder se manifestam de forma mais acentuada a nível do discurso pode ser confirmada na prevalência dos discursos do poder (os discursos presidenciais, as palavras de ordem, as letras das canções revolucionárias etc.) que de tão eloquentes pareciam criar a própria realidade.

Em "A revolta", insinua-se uma relação disjuntiva entre os ideais da nação então propalados (nação pedagógica) e a experiência real (nação performativa) vivida pelas pessoas, em particular pelos escritores que encontram aí motivos e temas para a sua produção literária. Daí que alguém como o escritor e ensaísta sul-africano Ndjabulo Ndebele (2012) considere que a resposta para a questão sobre se a literatura deve ou não ser política é intemporal, pois as circunstâncias em que esses mesmos escritores se encontram acaba sempre por jogar um papel decisivo. E na África isso parece ser cada vez mais inquestionável.

Desterritorialização e o apelo transnacional

Detendo-nos, agora, na literatura que hoje se produz, em Moçambique, e nas várias tendências por ela protagonizada, há uma que parece sobressair, em especial, no que a poesia diz respeito: referimo-nos àquela que tem a ver com um sentido transgressivo e dispersivo das diferentes subjetividades em destaque em cada um dos poemas.

Em *Viagem à Grécia através da Ilha de Moçambique*, de 2002, Adelino Timóteo oferece-nos uma pequena, mas eloquente ilustração desta tendência:

> Poema 36
> ... Onde estou os pés nunca ousaram
> calcar. Mas onde à pátria alheia que me ama
> emigro tornando-me à terra pela poesia, eis-me
> marinheiro apátrida, poro a poro, tacteando-a
> agora que ela dorme em mim como uma sacra
> ave.

No cômputo desta vertente da poesia moçambicana, onde também destacamos *Janela para Oriente* (1999), de Eduardo White; *NónuMar* (2001), de Júlio Carrilho; e *A viagem profana* (2003), de Nelson Saúte, entendemos que três aspectos nos surgem como corretores na cartografia das relações de poder que tradicionalmente dominavam a literatura moçambicana quer no que concerne aos poderes instituídos quer no que se refere aos poderes por vir.

O primeiro tem a ver com o caráter elusivo das relações de poder. Isto é, contrariamente ao imaginário colonial onde o discurso se inscreve numa lógica etnocêntrica, ou ao discurso do então emergente nacionalismo literário moçambicano, que põe causa essa mesma lógica, ou ainda da escrita contestatária aos poderes pós-independência, o que, nesse particular, a atual vertente desta literatura nos oferece é um quadro difuso e indefinido, em que a grande motivação parece ser repensar o lugar de cada sujeito num contexto global, como nos demonstra o mesmo Adelino Timóteo:

> Poema 4:
> .... É que não há modelo melhor de
> conhecer o mundo, senão o de adorar-te.
> Sabes, umas vezes em tuas pernas vejo-me em
> Pernambuco, Toronto, Oslo, em teus seios, no
> Atlas, e não sei meio viável de conhecer o globo
> Senão assim, eu que sou pobre, trabalho mas
> sou parco de economias.

O segundo corretor prende-se com a dispersão do sujeito, numa dimensão fragmentária em claro contraste com o que antes assistíamos em termos de busca de uma integridade identitária associada a um território sociocultural e político determinado. Tais são os casos, por exemplo, de Guita Jr. (2006:31), ao proclamar: "e embarcar sim e explodir/ na crista e na impetuosidade da onda e temer a vaga", ou de Sangare Okapi (2007:14): "Bêbado de sal e sol. Absorto, como uma vela amarrada ao vento,/ tropeço nos cacos rubis que das índias sobram no chão e/ vazio de mar e búzios na garganta".

O terceiro aspecto, inserido no contexto produzido pela atual literatura moçambicana, atende a uma dimensão transnacional assente na maritimidade e que se traduz na eleição do Oceano Índico como a plataforma real e imaginária que abre infinitamente os horizontes existenciais e simbólicos dos diferentes sujeitos:

> Oh, índicas águas,
> que vão e vem;
> vem e vão
> os dias todos,
> (sem nada me revelar).
>
> (Okapi, p. 26)

> deixar tudo e partir
> e
> sem rota nem bússola
> sem mapa nem nada
> sem álibi nem compaixão rasgar o vento,
>
> (Guita Jr., p. 33)

Se é verdade que a vocação cosmopolita da poesia moçambicana, tendo o Índico como referência, já era manifesta nos anos 40 e 50, em autores como Orlando Mendes, Virgílio de Lemos e Rui Knopfli, e, mais tarde, Luís Carlos Patraquim, Eduardo White e Júlio Carrilho, essa mesma vocação adquire contornos particularmente pronunciados na atualidade, numa espécie de *zeitgeist* (espírito do tempo), que deliberadamente não assume nenhuma confrontação ou tradução de relações de poder, pelo menos na forma como antes se configuravam.

A retomada da temática do Índico, no âmbito da literatura moçambicana, aliada a um sentido que extravasa e desafia não só o sentido telúrico prevalecente, mas também os limites territoriais dominantes, indicia uma nova constelação de problemáticas existenciais, temáticas e estéticas dos autores nacionais. Traduzindo certamente inquietações mais generalizadas da própria sociedade e uma assumida sintonização com as tendências de um mundo cada vez mais globalizado, de tal modo, sem referência necessariamente a um poder político determinado, o que esta escrita reivindica é a liberdade da imaginação como um poder por excelência e que está além de todas as outras formas e forças reivindicativas ou contestatárias. Com o mar sempre como pano de fundo e como *leitmotiv* para todas as transgressões, digressões e evasões. E, até certa medida, demissões.

Conclusão

Devido ao compromisso estrutural de parte substancial das literaturas africanas com o cotidiano, concluir que essas literaturas denunciam uma dimensão política, *lato sensu*, pode ser redundante. Como é sabido, as sociedades africanas não só são tradicionalmente verticalizadas, como também estão seriamente condicionadas, em termos coletivos e privados, por um incontornável primado do poder político.

E, tendo em conta o que hoje se passa em Moçambique, afinal, tal como em muitos outros países africanos, sob a eterna iminência ou prolongamento da instabilidade sociopolítica ou do terror, do desregramento generalizado dos costumes, das endêmicas e crescentes desigualdades sociais, do despudor e do atropelo aos direitos mais elementares das pessoas, a questão que se impõe é: qual será a tendência dominante das relações de poder representadas na literatura moçambicana?

Abraçará ela definitivamente o atual pendor para a desterritorialização e para o apelo transnacional? Ou, então, manter-se-á fiel à sua tradição de irreverência, de confrontação e de denúncia tal como tem sido seu apanágio ao longo da sua ainda curta, mas marcante trajetória? O avassalador *Nghamula, o homem do tchova (ou O eclipse de um cidadão)* (2012), do inconformado Aldino Muianga, é uma resposta eloquente a esta segunda questão. A literatura jamais virará as costas à realidade a que ela pertence e que a inspira.

Sem serem necessariamente excludentes, mas complementares às outras vertentes reconhecíveis neste sistema literário, todas elas necessariamente vão dando corpo àquela que é singular vocação das artes e das literaturas africanas que é o de superiormente representarem o seu espaço vital, instituindo-se, desse modo, como um natural, dinâmico e indomável contrapoder.

Referências

ACHEBE, Chinua. *Anthills of the Savannah*. Londres: Heinneman, 1987.

BHABHA, Homi K. *The location of culture*. Londres: Routledge, 1995.

BROWNE, Ruth. "Debating relevance: African Literature in Politics and Education": http://postamble.org/wp-content/uploads/2012/06/RuthBrownefinal.pdf, 2012.

CARRILHO, Júlio. *NónuMar*. Maputo: Ndjira, 2001.

FOUCAULT, Michel. *Microfísica do poder*. Rio de Janeiro: Edições Graal, 1979.

GUATTARI, Félix; ROLNIK, Sueli. *Micropolítica. Cartografias do desejo*. Petrópolis: Vozes, 1986.

GUITA JÚNIOR, Francisco Xavier. *Os aromas essenciais*. Lisboa: Caminho, 2006.

JEYIFO, Biodun. *Perspectives on Wole Soyinka: freedom and complexity*. Jackson: University Press of Mississipi, 2001.

KHOSA, Ungulani Ba Ka. *Orgia dos loucos*. 2. ed., Maputo: Associação dos Escritores Moçambicanos (AEMO), 1990.

KHOSA, Ungulani Ba Ka. *Ualalapi*. Maputo: Associação dos Escritores Moçambicanos (AEMO), 1987.

LABAN, Michel. *Moçambique. Encontro com escritores*. v. 1. Porto: Fundação Eng. António de Almeida, 1998.

MUIANGA, Aldino. *Nghamula, o homem do tchova (ou O eclipse de um cidadão)*. Maputo: Alcance Editores, 2012.

NDEBELE, Ndjabulo. "Should literature be political?". 4 out. 2012. http://www.theguardian.com/books/2012/oct/04/njabulo-s-ndebele-should-literature-be-political

OKAPI, Sangare. *Mesmos barcos ou poemas de revisitação do corpo*. Maputo: Associação dos Escritores Moçambicanos (AEMO), 2007.

SAN BRUNO, Emílio de. *Zambeziana. Cenas da vida colonial*. Lisboa: Tipografia do Comércio. 1927; Maputo: Arquivo Histórico de Moçambique, 1999.

SAÚTE, Nelson. *A viagem profana*. Maputo: Marimbique, 2003.

SAÚTE, Nelson. *Os habitantes da memória. Entrevistas com escritores moçambicanos*. Praia-Mindelo: Centro Cultural Português, 1998.

TIMÓTEO, Adelino. *Viagem à Grécia através da Ilha de Moçambique*. Maputo: Ndjira, 2002.

WHITE, Eduardo. *Janela para Oriente*. Lisboa: Caminho, 1999.

YOUNG, Robert. *Colonial desire. Hibridity in theory, culture and race*. Londres: Routledge, 1995.

O Oceano Índico e as rotas de transnacionalidade na poesia moçambicana[8]

Introdução

Um aspecto que tem sido reiteradamente assinalado por diferentes estudiosos na análise das literaturas africanas é o fato de elas, desde as suas origens, transportarem, como elemento distintivo, a preocupação, mais ou menos assumida, com a delimitação de um determinado território cultural e identitário.

Originadas a partir de um contexto histórico em que prevalecia uma ordem hegemônica que implicava sujeição política, administrativa, socioeconômico, ética, cultural e civilizacional, essas mesmas literaturas acabaram por, implícita ou explicitamente, veicular uma retórica simultaneamente de ruptura e de afirmação que significava tanto pôr em causa essa ordem dominante como também instituir elementos textuais e simbólicos denunciando a urgência de um sentido reivindicativo, de reconhecimento ou de pertença a uma outra ordem entretanto desestruturada, vilipendiada e silenciada.

Por outro lado, pela natureza, pela vocação e pelas práticas do próprio sistema colonial, uma espécie de armadilha histórica se foi instalando e que teve como consequência o fato de as primeiras vozes nativas, contestatárias e reivindicativas, e as que, entretanto, se lhes seguiram

---

[8] NOA, Francisco. *O Oceano Índico e as rotas da transnacionalidade na poesia moçambicana.* Maputo: CESAB, 2012.

serem constituídas por todos aqueles que mais se tinham apropriado, ou sido moldados pelos valores do colonizador através da escolarização, da educação, da religião, da cultura dominante, da língua e da literatura.

Daí as ambiguidades, contradições, tensões e irresoluções que irão povoar o imaginário dessas consciências então emergentes, e as que se lhes seguirão, e de que a literatura será palco privilegiado numa trajetória quase secular e que vai evidenciando os particularismos que decorrem quer da necessidade de afirmação e de vinculação ao território acima referido quer dos sedimentos produzidos e disseminados pela História.

Por outro lado, na reflexão imanente à própria criação literária e inscrita nas preocupações identitárias presentes em grande parte dos textos, prevaleceu quase sempre uma dimensão telúrica, e que se traduz por uma profunda relação com a terra e com os aspectos que lhe dizem respeito.

Exceção deve, entretanto, ser feita aos casos em que o mar, em especial o Oceano Índico, se fazia presente como tema, no caso da literatura moçambicana, como motivação ou como fator estruturante da escrita sobretudo poética. Assim são os casos, num primeiro momento, de um Rui Knopfli, Virgílio de Lemos, Orlando Mendes e, numa fase intermédia, de Luís Carlos Patraquim, Eduardo White, Júlio Carrilho e, mais recentemente, de Adelino Timóteo, Nelson Saúte, Guita Jr., Bento António Martins e Sangare Okapi.

Outro aspecto que concorreu para as escassas referências ou mesmo indiferença em relação ao Oceano Índico, no tocante à reflexão identitária ou enquadramento territorial, prende-se com a reiterada focalização, na maior parte dos estudos, no eixo vertical Norte (Ocidente) / Sul (África). No caso específico de Moçambique, à imagem de outros países da costa Oriental e Austral de África, e dadas as quase milenares dinâmicas e trocas comerciais e culturais estabelecidas com o Oriente, não equacionar a relevância do Índico significa escamotear elementos fundamentais na compreensão da arquitetura dos imaginários e das configurações identitárias locais, nacionais e regionais.

O Oceano Índico possui, reconhecidamente, uma importância vital e multilateral para os países por ele banhados, incluindo Moçambique, a região da África Austral e Oriental, a Ásia e parte do Médio Oriente, podendo configurar-se como um novo paradigma transnacional no que concerne às relações culturais no seio do chamado Sul global, como referem vários autores.

Considerando, por exemplo, os 2700 km de costa que Moçambique possui, essa importância deve ser vista de forma multifacetada, isto é, tanto do ponto de vista histórico, socioeconômico, ecológico, jurídico-político, religioso, geoestratégico, militar, bem como, e sobretudo cultural, encarando o Índico não tanto como um lugar quanto como uma gigantesca rede de relações que se foram estabelecendo, permanecendo e refazendo-se.

Além dos fatores acima mencionados, muitos outros poderão ser encontrados na tentativa de encontrar uma explicação para tão reduzidas manifestações das representações do mar na literatura moçambicana, até à altura da independência do país, sobretudo tendo em conta quão presente ele se encontra na história, no cotidiano e no imaginário de uma sociedade tão fortemente costeira como a nossa.

A retomada da temática do Índico, no âmbito da literatura moçambicana, aliada a um sentido que extravasa e desafia não só o sentido telúrico prevalecente, mas também os limites territoriais prevalecentes, indicia uma nova constelação de problemáticas existenciais, temáticas e estéticas dos autores nacionais. Traduzindo certamente inquietações mais generalizadas da própria sociedade e uma assumida sintonização com as tendências de um mundo cada vez mais globalizado.

Literatura moçambicana: uma trajetória de aberturas e afunilamentos

Um gráfico dar-nos-ia, em relação à trajetória da literatura moçambicana, desde as suas origens, momentos de abertura e outros de afunilamento. O primeiro momento de abertura situa-se nos anos 40 e 50, por altura do seu estabelecimento já como um sistema, em que, apesar da convergência em relação à denúncia das arbitrariedades da sociedade colonial, ao sentimento de revolta e à inquietação existencial e identitária, são reconhecíveis distintas orientações estéticas que marcaram o surgimento desta literatura.

Se nos casos de Fonseca Amaral, Noémia de Sousa, José Craveirinha, Orlando Mendes e Rui Nogar, por exemplo, encontramos mais vincado o sentimento em relação à terra e o apelo a um destino coletivo, em Virgílio de Lemos e Rui Knopfli, por sua vez, sem que estejam completamente diluídos esses apelos, pelo menos na fase inicial, o que sobressai é sobretudo um sentido existencial mais cosmopolita e uma busca de afirmação da liberdade subjetiva através da criação poética. Sintomaticamente, será na obra dos dois últimos onde a relação com o Oceano Índico, em especial através da Ilha de Moçambique, é mais assumida e pronunciada, como iremos verificar mais adiante.

Por outro lado, o estreitamento na configuração da trajetória da literatura moçambicana vai acontecendo na proporção direta em que, ao aumento e refinamento dos mecanismos repressivos da sociedade colonial, corresponde não só uma maior consciência nacionalista, mas também uma sofisticação estética e literária crescentes, sobretudo por causa da censura, e que se traduz na aspiração ou utopia de uma nação por vir, livre, independente e soberana, tal como nos deixam perceber os poemas de Orlando Mendes, José Craveirinha ou Noémia de Sousa:

> [...]
> E tudo será novamente nosso,
> ainda que cadeias nos pés
> e azorrague no dorso...
> E o nosso queixume
> será uma libertação
> derramada em nosso canto!
> [...]
> (2001:38)

Esse progressivo afunilamento da pirâmide tendo como referencial a nação política que despontaria em 25 de Junho de 1975, cruzará a década de 60 que, apesar de mais vigiada e mais repressiva, não se deixaria inibir quer através da produção literária quer de uma intervenção política mais sistemática, não obstante clandestina, de um autor como Luís Bernardo Honwana, ou os já referidos casos de José Craveirinha, Orlando Mendes e Rui Nogar, o que ditaria o encarceramento de alguns deles nas prisões da polícia política colonial.

A independência política representará, mais tarde, o ponto de contato entre uma pirâmide que culmina no seu próprio vértice e a outra, invertida, que se vai abrindo indefinidamente. É no encontro entre os dois vértices que conflui toda a carga ideológica e revolucionária que irá contaminar a arte, em geral, e a literatura, em particular, e que prevalecerá até meados da década de 80, quando novas vozes começam a despontar e afirmar a sua liberdade subjetiva e criativa e que, na explicação de Fátima Mendonça (2008:28), concorreram para "a definição da literatura moçambicana a partir de valores intrínsecos".

A geração da *Charrua* (1984) representa o triunfo das novas tendências da literatura moçambicana que se irão gradualmente afirmando até os nossos dias, com preocupações muito distintas daquelas que prevaleceram antes e logo imediatamente a seguir à independência do país, em que dominantemente a preocupação com a nação era cultivada. Do afunilamento em relação a esse ideal, vai-se gradualmente desenhando uma abertura que se espraia numa diversidade temática e estética em que a ideia de nação ou simplesmente se não coloca, ou é objeto de superação através da translocalização.

A dimensão transnacional e o Oceano Índico

A literatura moçambicana, enquanto fenômeno da escrita e produto da modernidade, estabeleceu, desde o início, uma ligação profunda e seminal com diferentes tradições literárias, revelando assim a sua vocação universalista que se manteria ao longo dos tempos e que encontra uma das suas maiores expressões num poeta como Rui Knopfli:

> Felizmente é pouco lido o detractor de meus versos,
> senão saberia que também furto em Vinicius,
> Eliot, Robert Lowell, Wilfred Owen
> e Dylan Thomas. No grego Kavafi,
> no chinês Po-Chu-I, no turco
> Pir Sultan Abdal, no alemão
> Gunter Eich, no russo André Vozenesensky
> e numa boa mancheia de franceses. Que desde
> a Pedra Filosofal arrecado em Jorge de Sena.
> Que subtraio de Alberto Lacerda
> e pilho em Herberto Hélder e que
> – quando lá chego e sempre que posso –
> furto ao velho Camões. Que, em suma,
> roubando aos ricos para dar a este pobre,
> sou o Robin Hood dos Parnasos e das Pasárgadas.
> ("Contrição"[1969], Knopfli 1982:202)

Será, pois, na oscilação entre uma vertente transnacional e o apelo do local, ou entre modernidade (o que é novo e implica ruptura) e tradição (o que permanece, o que vem de trás) que se irá edificar a espinha dorsal desta literatura. Sintomaticamente, a arquitetura literária de uma nação por vir implicará a conjugação dessas duas dimensões, mesmo quando essa mesma tradição é recolhida fora de portas.

Num estudo intitulado "Transnationalism in Southern African Literature. Modernists, Realists and the inadequality of print Culture" (2009), o sueco Stefan Helgesson persegue e analisa as ambivalências das elites letradas dos meados do século XX na África, e da própria literatura, enquanto fenômeno de escrita, o que o leva a afirmar a dado passo que "não se trata de uma ambivalência sem fundamento, mas um dos seus efeitos paradoxais é privilegiar a política e instrumentalizar a literatura, quer como portador de uma opressiva ideologia europeia, quer como um vaso transparente de uma 'consciência nacional' " (Helgesson, 2009:2). Essa ambivalência, na ótica de Helgesson, situa-se, também, na preocupação dos autores em colocar, por um lado, África no centro da criação e da reflexão, e por outro, o apelo da modernidade.

Adiante, ele defenderá que para além do "double bind": "literatura-sociedade" e "África-modernidade", alguns intelectuais africanos mostram-se confiantes em relação a diferentes formas de transnacionalismo. Isto é,

> Não só isso: parece que nas primeiras décadas depois da Segunda Guerra Mundial, precisamente durante o surgimento dos nacionalismos anticoloniais, há uma confluência particularmente ponderosa entre escritores da África Austral de noções como literatura, modernidade, globalidade e cosmopolitismo. (Helgesson, 2009:4)

Como que a validar esta constatação de Helgesson, encontramos nos diferentes autores dessa época essa abertura plenamente orientada para a exterioridade, para esse sentido cosmopolita. A América e a Europa surgem assim como as principais fontes das referências que significariam a sintonização com algumas das principais correntes da época. Teríamos, assim, o diálogo com movimentos e correntes de natureza estético-literária (modernismo, futurismo, surrealismo, neorrealismo, negritude), filosófica (o existencialismo sartriano), cultural (jazz, blues, o cinema), político-ideológica (o marxismo, a causa judaica) e outras agitações intelectuais, sobretudo, pós-Segunda Guerra Mundial.

E o que caracteriza a transnacionalidade é que

> Diferente da própria globalização, que centraliza ao trazer de volta actividades comerciais e culturais através dos centros (do norte) imperiais, e dentro do processo da homogeneização e de manutenção da hegemonia, o transnacional designa um espaço de trocas, participação e transformação de pessoas e coisas, sem necessidade de nenhuma mediação do centro. (Ghosh; Muecke, 2007:2)

Esta será, seguramente, uma das principais linhas de força da ação dos intelectuais africanos, em especial dos poetas e dos escritores, que sem nunca perderem de vista um indisfarçável sentido territorial, não descuram a oportunidade de vincar o seu pertencimento a um mundo mais global. Ainda a nação política era uma quimera, por um lado, e a cultural em processo de descoberta, por outro, já a dimensão transnacional se fazia sentir quer no diálogo com os movimentos acima referidos, quer no estiramento do olhar pelo mar, em particular, pelo Oceano Índico.

O mar fazia-se assim presente tanto como resultado de um certo atavismo ligado às origens histórico-culturais de alguns desses autores, dada a sua ascendência europeia, sobretudo portuguesa e a todo um imaginário consagrado por uma literatura onde a vocação marítima é manifesta, com particular destaque para Luís de Camões, como também, por outro lado, pelo simples fato de Moçambique ser banhado pelo Oceano Índico, como já foi vincado anteriormente. E a Ilha de Moçambique, encruzilhada de diferentes civilizações e culturas, se impõe como um dos maiores monumentos dos fundamentos marítimos e idiossincrásicos da expansão europeia.

Apesar da relativamente escassa presença do tema do mar na literatura moçambicana – eventualmente pelos mesmos motivos apontados por Tânia Macedo, em relação à literatura angolana ou o "facto de não se vislumbrar o destino dos escravos, pela ligação que ficou para sempre entre o Grande Oceano [Índico] e uma ameaça" (Coelho, 2009:7) – o que não pode ser recusado é a importância crucial do Oceano Índico em suas múltiplas dimensões e funções: socioeconômica, comercial, cultural, geoestratégica, política, religiosa, emergindo como uma verdadeira arena inter-regional (Bose, 2005:6) onde se desenvolveram e se desenvolvem dinâmicas e diálogos culturais entre África, Ásia e Médio Oriente.

A reflexão sobre a representação do Oceano Índico na literatura moçambicana enquanto dimensão transnacional e inquietação existencial deve procurar estabelecer-se segundo dois pressupostos: por um lado, enquanto "zona de contato", isto é, como metonímia de encontros culturais, onde afirmada e recorrentemente encontramos a Ilha de Moçambique e, por outro, o próprio mar enquanto abertura, evasão para outros mundos.

A ilha como poderosa "zona de contato"

Numa reflexão que se tornaria um marco nos estudos interculturais, intitulada "Arts of the Contact Zone", Mary Louise Pratt (1991:34) define essas zonas de contato como espaços sociais onde as culturas se encontram, chocam e lutam umas contra as outras, muitas vezes em contextos de relações de poder altamente assimétricas, tais como o colonialismo, escravatura, ou o que daí resultou e a forma como sobrevive em muitas partes do mundo atual.

Com esta colocação, a ideia de insularidade fica, como podemos observar e inferir, profundamente perturbada, ou se quisermos, amplificada. Isto se tivermos em conta o fato de que, durante muito tempo, as produções culturais relativas a uma determinada ilha ou arquipélago, bem como os seus cultores tendem a ser enclausurados numa condição existencial e num imaginário fixos e monolíticos.

No caso específico de Moçambique, quer em relação aos poetas originários ou da Ilha de Moçambique (Orlando Mendes) ou da Ilha do Ibo (Júlio Carrilho), quer em relação aos que fizeram da ilha tema central de parte significativa da sua poesia, não se vislumbra em nenhum deles o fechamento existencial e cultural a que se convencionou designar de "complexo do ilhéu". Muito pelo contrário.

A ilha, cumprindo-se como "zona de contato" multimodal, e em função das diferentes representações poéticas, presta-se a diferentes negociações e movimentos: uns de abertura em relação aos mundos que parecem confluir metafórica e metonimicamente para o lugar-objeto, quando não sujeito, que é a própria ilha, sobretudo a Ilha de Moçambique e outros, mais encerrados sobre si mesmos, num intimismo que resvala entre o erotismo:

>[...]
>vulvas de estremecimentos
>moçambicanamente mamas
>mamilos magia
>em ponta e na ponta
>das línguas.
>
>("Estalo da língua", Lemos, 1999:32)

ou o delírio lírico:

>Eu beijo a ilha o vento e
>o mar
>respondem-me
>como se a poesia trouxesse
>a essência do eterno e
>da beleza.
>
>(p. 50)

Se é verdade que o mar está obsessivamente presente numa parte substancial da poesia de Virgílio de Lemos, subsiste, entretanto, uma certa imaterialidade em relação à sua abordagem poética, de tal modo que a ilha que nos é representada, seja ela de Moçambique ou das Quirimbas, emerge quase como um não-lugar, em claro contraste, por exemplo com um Orlando Mendes em "Minha Ilha". (Saúte; Sopa, 1992:39)

> Todos os dias pés sem idade acorrentados
> Trituravam o salitre poeirado pelo vento Índico
> [...]
> Era a rota dos gemidos e das raivas putrefactas
> E dos partos que haviam de povoar as américas
> Com braços marcados a ferro nas lavras e colheitas.

ou em Rui Knopfli,

> A cor é fria, o branco quase cinza
> e as púrpuras do retábulo simulam
> fogos morrentes onde crepita
> o fulgor mais vivo de uma ou outra
> rara chama. África ficou
> ao umbral das portas, no calor
> da praça; aqui principia
> a Europa. Porém, da parede
> lateral, sob um baldaquino hindu
> e num desvario de cores e santos hieráticos,
> salta o púlpito oitavado e é o Oriente
> que chega com seus monstros.
> ("A capela"[1972], Knopfli, 1982:345)

Se, no poema de Orlando Mendes, nos confrontamos com a retroativa projeção de uma perversa, forçada e sofrida transnacionalidade inaugurada pelos escravos – que não passa, afinal, de uma diáspora da infâmia – que "haviam de povoar as américas", em Rui Knopfli, a Ilha surge em toda a sua substancialidade referencial e simbólica como uma genuína e quase celebratória encruzilhada cultural e civilizacional. A Ilha de Moçambique institui-se como metonímia e metáfora do Oceano onde ela se encontra atracada, gigantesca barcaça imóvel, resultado da multiplicidade e diversidade de gentes que ali aportaram, como, aliás, superiormente testemunhou o poeta português Jorge de Sena:

> Tudo passou aqui – Almeidas e Gonzagas,
> Bocages e Albuquerques, desde o Gama.
> Naqueles tempos se fazia espanto
> Desta pequena ilha citadina
> De brancos, negros, indianos, e cristãos,
> E muçulmanos, brâmanes, e ateus.
> Europa e África, o Brasil e as Índias,
> Cruzou-se aqui neste calor tão branco
> ("Camões na Ilha de Moçambique".
> In: Saúte; Sopa, 1992:125)

Afirmando-se como consciência deste caldeirão humano, síntese de prolongadas trocas comerciais e culturais, e que concorreram decisivamente para a constituição de um imaginário marítimo e de uma vocação poética de oceanidade, encontramos profusa e profundamente explorada, nos poetas sobre os quais nos estamos aqui a debruçar, a Ilha de Moçambique que, além de pontificar na temática do Oceano Índico, do mar, portanto, é o lugar aonde se chegou e, de certo modo, de onde se parte.

Por seu lado, nos poemas dedicados à Ilha de Moçambique, o que a poesia de Luís Carlos Patraquim realiza é uma interpelação, um diálogo com o "Porta-aviões de agoirentos corvos na encruzilhada das monções" (p. 155), rastreando a História, a Geografia, a cultura multicultural que a Ilha representa. Ou, então, procurando através da ilha, interrogar o seu próprio lugar, talvez mesmo destino: "Aqui me ergo, pendurado em panos às janelas, imagem de despudor sem mim. Porque aqui me esqueço do que me querem. Da história que me fizeram e fui. Olhem estas paredes que respiram! Arfam? Olhem onde não me posso esconder [...]" (p. 182).

Ou, ainda, a ilha aparecendo-nos como objeto de desejo, confundindo-se eroticamente no gesto libidinoso da posse quase incestuosa: "Pedra de mulher mítica, olhando-me" e que "Agora eu, moçambicana concha, madeirame de açoitada/ nau escorando-me os músculos, índica missanga perdida,/ sobre o teu corpo, minha mulher, minha irmã, minha mãe, percorro-te. Sou." (p. 88). E é a mesma dimensão de revisitação de um lugar, nas suas múltiplas emanações e evocações multiculturais, através do conjunto de sensações que dão forma e sentido ao poema "Corpo nostálgico" (p. 142): "Adufe, tufo persa, arábia das noites à deriva, memória do sal, langor plasmando-se em marítimas vozes sensuais, agudas – tantos continentes na iridiscente índica vulva ancorados!"

As imagens da ilha, que o poder representacional da escrita de Patraquim produz, revelam-nos toda uma plasticidade e expressividade, como se do lugar-ilha nascesse e se espalhasse a própria essência da poesia.

E o que encontramos, em Patraquim, mais do que uma preocupação com a materialidade do espaço que a ilha projeta, é sobretudo sobre a força inspiradora dela tendo em conta os seres e a história que a povoam e a massa líquida, também ela feita de história, que a envolve.

Tal como acontece com Júlio Carrilho (2001:14) em *NónuMar*, título que em si exprime o compromisso com a oceanidade:

> Ninguém sonda o horizonte
> ninguém meneia a cabeça
> porque o transe é um ficar
> ficar de costas para a terra
> a repetir o mar
> todas as noites
> as manhãs inteiras

Há aqui como que um assumir de um compromisso ritualístico ao fazer da nomeação do mar e dos seus correlatos uma espécie de dever estético que faz depender a condição de existir do próprio sujeito que acaba por se confundir com o próprio objeto – a ilha, o Ibo – que evoca: "Atravessam-no as asas brancas das gaivotas. Rápidas, silenciosas, fulminantes. A vida passa; efémera, filiforme. A desaparecer num/ mergulho oblíquo na massa movediça de que se cobre a terra. É isso o meu mundo. Um bolo informe de ilusões reflectindo o vazio sobre si suspenso" (19). E nesse entrecruzamento, se desenha também a história privada do sujeito, ao mesmo tempo alegoria de uma história coletiva: "Por que rumos andei para justificar os traumas, tão velhos escorrendo calmos pela silhueta hindi dos meus avós?" (p. 23)

Divagante sem ser abstratizante, contemplativo, sem ser passivo este é o sujeito poético em Júlio Carrilho que, nos múltiplos motivos e referências que a conjugação entre o mar e a terra lhe proporciona, traça percursos, individuais e coletivos, e define uma topografia poderosamente marítima, para não dizer simplesmente aquática, através dos quais visualizamos lugares, objetos, mas sobretudo gente: "Mar/ e gente a perder-se no círculo de sangue de poente./ Gente cheia de ângulos na face e mole nas / entranhas. [...] A mesma gente que vem, que vem, se/ vem, se multiplica até à exaustão" (p. 46).

Abertura para outros mundos: a volúpia da evasão

O que a poesia mais contemporânea nos oferece na sua relação com o Oceano Índico é uma criativa e altiva reversão da História, isto é, projeção desse espaço líquido não mais enquanto lugar de ameaça ou desembarcadouro dos que vêm de longe. Mas é, sobretudo, como intermediação com outros mundos, aos quais se aspira e para onde se vai, e em sintonia com textos anteriores de vocação cosmopolita, que o Oceano Índico emerge como possibilidade, sem limites, de evasão e de busca.

E o destino tanto pode ser um lugar determinado:

> E o Japão. É verdade, como eu, gostava de ver o Japão sem ser da minha janela. O Japão que é lilás. [...] O Japão que aquece e esmaga o próprio sossego, fiel ao Sol e a si próprio, ao silêncio, à paciência. (White, 1999:27-28)

> As vacas sagradas atravessam ainda
> a solidão da minha profana viagem
> numa rua de Nova Deli.
> (Saúte, 2003:9)

Como pode, apenas, ser puro desejo, no gesto poético e mimético da partida:

> Agora ou nunca
>
> o içar a vela sobre o mar
> o esticar a corda
> o sentir a virilidade do leme
> e ter que partir
> sim
> sem recolher amarras nem âncora
> sem farnel nem bagagem
> recordações e recalcamentos
> emoções e fotografias antigas
>
> sim
> sem ter que olhar para trás
> sem ter que engolir todo o asco mascado dos dias
> sem ter que dizer adeus
> sem ter que magoar
> (Guita Jr., 2006:29)

Ou, ainda, a projeção da imaginação como embarcação mítica, pretexto para até aí inimagináveis pontos de contato entre duas realidades tão distantes, tão desencontradas no tempo e no espaço, como sejam a Ilha de Moçambique e a Grécia:

> A Ilha conta-me as aventuras dos amores de Zeus, os ciúmes de Hera às acrobacias de Hermes, as façanhas dos heróis da guerra de Tróia...) (Timóteo, 2002:21)

> Aqui estão só monumentos, como a divina criatura que me és e eu quero-te em meus braços. Aqui estão, com a ilhoa em teu corpo, as ruas de uma Atenas, os mares que banham os Balcãs, estão a gente e os pombos que num domingo atravessam pelas suas praças e beijam-se indiferentes ao ícone de Sócrates. (p. 25)

> Seguro-te os seios porque assim numa mão tenho a Grécia e noutra o Muípiti [Ilha de Moçambique], tenho-os como gémeos e os seguro para que não morram... (p. 40)

Apesar de nunca ser esquecida a ligação com o Oriente:

> Eu gosto do nome que é a Ilha, que me traz a ilhoa, a mulher que tu és, a baba de imaginar-te somente, meu reino de vícios, de riso que perfilas. Gosto dela e do ar que aqui se respira, gosto do aconchego em que te resumes ao encontro da Índia, que me acorda o seu rico odor perfumado, também da China, ao deus Buda, depois as especiarias deste oriente ainda virgem como tu. (p. 15)

O que esta obra poética de Adelino Timóteo tende a vincar é "este ser cosmopolita" (p. 31), alicerçado no resgate de um helenismo de símbolos, deuses e mitos.

Como sabemos, o cosmopolitismo está profundamente conciliado com a ideia de transnacionalidade. Esta é acima de tudo uma apetência, uma predisposição para uma entidade, individual ou coletiva, abrir-se ao mundo. Isto é, a transnacionalidade é um estado potencial que se irá materializar em posturas e ações concretas que se confundem com cosmopolitismo.

Hoje, cada vez mais virado para uma contemporaneidade transnacional, em que se aglutinam múltiplos e variados interesses, o sistema literário moçambicano tende a abrir-se ao mundo, num contexto de nacionalidades sem fronteiras, visto que o mundo, segundo Arjun Appadurai (2001:61), se tornou numa massa heterodoxa de interações à escala planetária.

Daí, pois, a proliferação de obras e de textos que têm como tema ou a viagem ou a evocação de espaços e realidades que transcendem o território nacional, cumprindo aí o Oceano Índico um lugar preferencial e um papel decisivos na ligação real ou imaginária com outros mundos. Em qualquer dos exemplos apontados, a viagem, a evocação ou a perseguição de outros lugares funciona como movimento dispersivo, exercício de recusa e de resistência a uma dimensão territorial delimitada e limitadora tanto do ponto físico, político como cultural e intelectual.

Conclusão

Como pudemos verificar, através dos exemplos aqui reunidos, a trajetória da poesia moçambicana, desde as origens até aos nossos dias, mesmo não se colocando necessariamente como uma temática dominante, mas com um peso e valor inquestionável, revela-nos que o mar, mais concretamente o Oceano Índico, não é, nem nunca foi, um espaço vazio, mas um lugar de profundos, intermináveis e consequentes compromissos e dinâmicas de natureza humana, social, cultural, política e econômica.

Mas sobretudo um lugar onde a imaginação poética não apenas recria dimensões até aí insuspeitas, como também se manifesta como um poderoso exercício de liberdade estética, de afirmação da subjetividade e de consciência histórica.

Na relação de espelho que se estabelece entre o mar e a própria escrita o que sobreleva são os mundos que tanto um como outro nos podem propiciar. Mais, de como se transita de um para outro, numa incessante demonstração de como tanto a escrita como o Oceano Índico são plataformas de transgressão, de evasão, de negação de limites territoriais ou outros e, também, de reconstituição e de reinvenção da existência e dos destinos sejam eles privados ou coletivos.

Referências

APPADURAI, Arjun. *Après le colonialisme. Les consequences culturelles de la globalization*. Paris: Payot, 2001.

BOSE, Sugata. *A hundred horizons: the Indian Ocean in an age of global imperialism*. Cambridge, Mass.: Harvard University Press, 2005.

CARRILHO, Júlio. *NónuMar*. Maputo: Ndjira, 2001.

COELHO, João Paulo Borges. "O Índico como lugar". [Comunicação apresentada na Universidade Autónoma de Barcelona, no encontro "Indicities/Indices/Indícios. Hibridização nas Literaturas do Oceano Índico"], 2009.

GHOSH, Devleena; MUECKE, Stephen (Edit.). *Cultures of trade: Indian Ocean exchanges*. Newcastle Upon Tyne: Cambridge Scholars Publishing, 2007.

GUITA JÚNIOR, Francisco Xavier. *Os aromas essenciais*. Lisboa: Caminho, 2006

HELGESSON, Stefan. *Transnationalism in Southern African Literature. Modernists, Realists and the inadequality of print culture*. Nova York/Londres: Routledge, 2009.

HOFMEYR, Isabel. "The Black Atlantic meets the Indian Ocean: Forging new paradigms for transnationalism for the global South. Literary and cultural perspectives". Social Dynamics, 33: 2, 3-32, 2007.

KNOPFLI, Rui. *Memória consentida 1959-1979 20 anos de Poesia*. Lisboa: Imprensa Nacional/Casa da Moeda, 1982.

LEMOS, Virgílio de. *Ilha de Moçambique. A língua é o exílio do que sonhas*. Maputo: Associação Moçambicana de Língua Portuguesa (AMOLP), 1999.

MACEDO, Tânia. "Visões do mar na literatura angolana contemporânea". Via Atlântica, n. 3. São Paulo: Universidade de São Paulo, 1999. (p. 48-57)

MENDONÇA, Fátima. "Literaturas Emergentes, Identidades e Cânone". In: RIBEIRO, M.C.; MENESES, P. (Coord.). *Moçambique. De palavras escritas*. Porto: Afrontamento, 2008. (p. 19-45)

PRATT, Mary Louise. "Arts of Contact Zone", 1991: http://www.jstor.org/stable/25595469.

SAÚTE, Nelson; SOPA, António. *A Ilha de Moçambique pela voz dos poetas*. Lisboa: Edições 70, 1992.

SOUSA, Noémia de. *Sangue negro*. Maputo: Associação dos Escritores Moçambicanos (AEMO), 2001.

TIMÓTEO, Adelino. *Viagem à Grécia através da Ilha de Moçambique*. Maputo: Ndjira, 2002.

WHITE, Eduardo. *Janela para Oriente*. Lisboa: Caminho, 1999.

O poder do discurso e a arte da narração na ficção moçambicana[9]

Introdução

Assumindo que as literaturas africanas modernas, isto é, enquanto fenômeno de escrita, têm uma existência relativamente curta, cerca de um século, portanto, dificilmente elas poderão ser dissociadas de perspectivas de representações onde prevalecem questões de poder. Basta, para isso, termos em conta que estas literaturas nasceram na vigência da presença colonial na África, exatamente no momento em que essa mesma presença adquiria contornos mais pronunciados e mais estruturados, depois da Conferência de Berlim, em 1884-1885.

Se é verdade que por essa altura, finais do século XIX, princípios do século XX, surgiu uma literatura deliberadamente celebratória da ação colonial portuguesa, começa a emergir, em paralelo, uma outra escrita esgrimida pelos nativos mas que traduzia, nem sempre de modo muito evidente, consistente e coerente, a ansiedade pela afirmação estética de um território cultural que se contrapunha ao que era representado pelo imaginário colonial. Ou, pelo menos, à perspectiva nele dominante.

Mais do que pretendermos explorar a confrontação lógica que esses dois universos literários significam, ou, noutra hipótese, rastrear as figurações

---

[9] Comunicação apresentada no Colóquio "Patrimónios de Influência Portuguesa: conceitos e instrumentos". Coimbra, Portugal, 13-14 jun. 2014.

de poder neles presentes, interessa-nos, nesta reflexão, analisar os discursos, sobretudo os da narrativa, enquanto eles próprios emanações de poder.

Se é verdade, e à luz de uma paradigmática percepção foucaultiana, que o poder do discurso decorre das próprias palavras, importa identificar tais marcas na narrativa moderna moçambicana e perceber em que medida elas se inscrevem numa perspectiva mais ampla da literatura africana.

Em suma, esta é uma tentativa de mapeamento, ainda preliminar, de um patrimônio que encontra na arte de narrar, enquanto modo de fabricar mundos, o seu fundamento estruturante e de afirmação.

O discurso como poder

No prefácio a uma das suas obras mais emblemáticas, *As palavras e as coisas*, Michel Foucault (1998:49-50) afirma a dado passo:

> As heteropias inquietam, sem dúvida, porque minam secretamente a linguagem, porque impedem de nomear isto e aquilo, porque quebram os nomes comuns ou os emaranham, porque de antemão arruínam a "sintaxe", e não apenas a que constrói as frases mas também a que, embora menos manifesta, faz "manter em conjunto" (ao lado e em frente umas das outras) as palavras e as coisas. É por isso que as utopias permitem as fábulas e os discursos: elas situam-se na própria linha da linguagem, na dimensão fundamental da fábula: as heteropias [...] dissecam o assunto, detêm as palavras sobre si mesmas, contestam, desde sua raíz, toda a possibilidade de gramática: desfazem os mitos e tornam estéril o lirismo das frases.

Seguindo a linha de pensamento aqui proposta, encontramos expressa a ideia de que toda a ordem, ou aquilo que pressupomos ser a ordem e a regra, significa em última instância um valor social dominante, isto é, uma forma de poder. Um poder, por isso, ordenador, que se impõe e que, inevitavelmente, subjuga. E o que discursivamente nega essa ordem, numa voluntária ou involuntária desconstrução do que prevalece, é como se se instituísse como um contrapoder, que inscreve outras lógicas que são, afinal, a sua razão de ser.

Por outro lado, é como se nada acontecesse para além das palavras que nos surgem como expressão de atos de consciência. As coisas e os seres existem, os fatos sucedem-se, os contornos e os movimentos do mundo adquirem nitidez, a vida ganha sentido porque há um discurso que os nomeia, que os anuncia e que os enuncia e, mais do que isso, que os legitima ao dar-lhes inteligibilidade.

Mas o poder maior do discurso decorre do fato de ele ser a condição de conhecimento que, por sua vez, resulta sobretudo de uma capacidade do sujeito de interpretar e representar os fenômenos. Fato que sublinha, ao mesmo tempo, a sua singularidade e a sua centralidade, não deixando, mesmo assim, de revelar a sua precariedade. A linguagem feita discurso institui-se, assim, como uma plataforma que, por um lado, projeta a potência e, por outro, e de modo quase paradoxal, os limites da condição humana.

Em *A ordem do discurso*, Foucault (1999:9) considera que é nas regiões da sexualidade e da política onde, através das interdições, são exercidos alguns dos poderes mais temíveis ou, se quisermos, "as grades da interdição são mais cerradas".

E diríamos nós, sem necessariamente nos contrapormos a este incontornável pensador do nosso tempo, que é no espaço da cultura, em particular da literatura, enquanto devir recriado, espaço de ilimitadas possibilidades, onde superiormente são afrontadas e rompidas essas mesmas grades.

Enquanto exercício da imaginação e de liberdade interior, enquanto lugar de representação e de reinvenção do mundo, a literatura, na esteira dos protocolos que lhe são intrínsecos, é verdadeiramente um dos poderes mais temíveis por exatamente fazer estremecer qualquer grade por mais cerrada que ela seja.

As literaturas foram surgindo nas antigas colônias, num contexto onde as manifestações de poder, fossem elas de caráter jurídico-administrativo, político, socioeconômico, ideológico ou discursivo, se faziam sentir de forma profunda, aviltante e dolorosa no cotidiano das pessoas. Por outro lado, as marcas reativas a essa dominação tanto se caracterizavam pela insurgência e pela denúncia, implícita ou explícita, como por uma exuberante necessidade de afirmação identitária. Não surpreende, pois, que se durante a vigência da dominação colonial vários foram os poetas e escritores perseguidos e encarcerados, mas não silenciados, no pós-independência, não deixam, mesmo assim, de ser indisfarçáveis zonas de desconforto e de ambiguidades entre os que escrevem e os poderes do dia.

Quer no processo de apropriação das linguagens, dos valores e das lógicas da força dominante, quer nas estratégias de representação e de nomeação, o discurso dos insurgentes era, por conseguinte, ele também uma inequívoca expressão de poder. A este propósito, Ashcroft *et al.* (1989:8) entendem que a linguagem das periferias, onde a rebelião se desenhava, era formada por um discurso opressivo de poder. Isto é, essas mesmas periferias que, em algum momento, instituíram a sua própria centralidade, têm sido, segundo eles, fonte de algumas das literaturas mais instigantes e mais inovadoras do nosso tempo. Resultado, portanto, das energias reveladas pelo jogo permanente de tensões e de harmonizações entre uma língua-norma, no nosso caso, o português continental, e as variedades dos usos locais. Estes usos, por sua vez, profundamente determinados tanto por necessidades comunicacionais específicas, como por condicionalismos de vária ordem. Este pode ser, afinal, um fato revelador de que a apropriação da língua do colonizador e de alguns dos seus valores participou da base patrimonial que caracteriza o universo das literaturas e das sociedades africanas que se foram projetando como repositório, afinal, de múltiplas e diversificadas influências.

Se a poesia, pela sua vocação para focar-se na materialidade das palavras, isto é para a autorreflexão discursiva, terá, neste particular, levado ao limite essas interações, a narrativa, enquanto representação tendencialmente multidimensional acabou por incorporar a pluralidade e diversidade do mundo de onde ela emergia.

O poder da narrativa

No romance *Anthills of the Savannah* (1987:153), de Chinua Achebe, uma das personagens, Ikem, falando para um grupo de estudantes conclui, a dado passo:

> *Storytellers are a threat. They threaten all champions of control, they frighten usurpers of the right-to-freedom of the human spirit - in state, in church or mosque, in party congress, in the university or wherever.*
>
> Os contadores de histórias são uma ameaça. Eles ameaçam todos os campeões do controle, eles intimidam os usurpadores do direito à liberdade do espírito humano – no estado, na igreja, nas mesquitas, no partido, na universidade ou onde quer que seja.

Seriam inúmeros os exemplos para fundamentar esta afirmação, mas ela por si só, pela carga significativa e expressiva que transporta, é bastante para ilustrar, ou pelo menos sugerir, o poder da narrativa. Porém, uma questão que, de imediato, nos assalta é como esse poder se realiza efetivamente, sobretudo quando sabemos que essas narrativas são dominantemente ficções, portanto, produto da imaginação. Eventualmente socorrendo-nos da assertiva aristotélica de a literatura ser mais filosófica que a história. Isto é, o possível é sempre mais amplo, mais desafiador e mais perturbador que o real, o que existe. Talvez a essência desse poder se encontre precisamente aí, como assevera uma percepção pascaliana, de que a razão, por mais que grite, não pode negar que a imaginação estabeleceu no homem uma segunda natureza.

É essa espécie de segunda natureza que poderosa e desafiadoramente se encontra instalada na narrativa como discurso e não necessariamente enquanto história em si. Fato que nos obriga, metodologicamente, a considerar três dimensões estruturantes: primeiro, a do enunciado, que estabelece a relação com os acontecimentos, isto é, se quisermos, o enredo; segundo, a da história, o conjunto de acontecimentos potencialmente no seu estado original, e que constituem o objeto, ou o efeito, desse discurso e, finalmente, a enunciação, ou seja o ato de narrar em si.

É, pois, esta última dimensão que irá prender a nossa atenção para procurarmos perceber a forma como a narrativa moçambicana, seja conto, novela ou romance, se realiza como discurso de poder. Para isso, teremos como instrumentos tanto o modo como a voz que se destacam na narração. Quando falamos do modo, seguimos a sugestão de Genette (1995:184) de querer saber *quem vê*? e, quanto à voz, de querer saber *quem fala*?

A narrativa é, no essencial, a arte de contar uma história e grande parte da sedução de um conto ou de um romance reside fundamentalmente na forma como essa arte é exercida. Aliás, nos universos africanos onde a força da oralidade ainda prevalece, mesmo que de forma residual ou transfigurada, não é qualquer um que pode contar histórias à comunidade, mas aquele que é iniciado, que é detentor de talento, que domina superiormente as técnicas da narração e que pode, assim, prender o auditório. Aliás, é diante das pausas, calculada e habilmente interpostas pelo contador da história, que a irreprimível pergunta presa de uma ânsia infantil irrompe amiúde de quem o escuta: e depois? Afinal, é também deste patrimônio oral que se funda e se alimenta parte substancial da literatura africana.

Em sintonia com esta milenar tradição de contar que tem, infelizmente, perdido, e de forma acelerada, a sua fascinante validade, parece estar Jorge Luis Borges (1987) que defende que os autores devem intervir o menos possível na elaboração da sua obra. Devem, segundo ele, procurar ser amanuenses do Espírito ou da Musa e não das opiniões deles próprios, que são o que de mais superficial neles existe.

Mais do que a fábula, a narrativa em si é o domínio das técnicas de contar que assegura a comunicação e a apreensão da mensagem. Isto é, o modo como uma história é contada é um requisito essencial para a sua transmissão, recepção, memorização e divulgação. Na arte de contar se subsumem elementos de natureza estética, lúdica, pedagógica e ética, daí a enorme responsabilidade e prestígio de que se reveste a função de contador de histórias.

E ao colocarmos a ênfase na narração, queremos sobretudo evidenciar os pontos de vista ou perspectivas dominantes em associação com uma voz determinada. Por outro lado, trata-se de explorar a forma como a visão e a voz configuram histórias e temáticas e, concomitantemente, engendram o poder na narrativa moçambicana e na narrativa africana, em geral.

Numa intervenção, em setembro de 2010, dois anos antes da sua morte prematura e trágica, Emmanuel Reed Manirakiza (c.1993-2012), um jovem refugiado ruandês, num discurso proferido na African Leadership Academy, na África do Sul, deixa-nos um testemunho penetrante e eloquente, a partir da sua curta, mas significativa experiência de vida, sobre o poder da narrativa:

> *Inside stories lies transformational power,*
> Dentro das histórias encontra-se um poder transformacional,
>
> *Power that moves the invisible us,*
> Poder que move invisíveis nós,
>
> *Power that stirs our emotions,*
> Poder que mexe com as nossas emoções,
>
> *To experience the experiences of others;*
> De modo a experimentar as experiências de outros;
>
> *Stories allow us to imagine and live momentarily the lives of others.*
> As histórias permitem-nos imaginar e viver momentaneamente as vidas dos outros.
>
> *And thereafter set a different course and perspective for the life we seek to live.*
> E daí fixar um curso e uma perspectiva diferente para a vida que procuramos viver.

O reconhecimento de um poder comunicacional e transformador, neste caso intrínseco à própria narrativa, é também confirmado por uma voz autorizada e experiente como a de Chinua Achebe (2000:38-39) que defende que há três razões para se ser escritor: primeiro, há, em cada um de nós, uma poderosa urgência em contar uma história; segundo, há pressões de uma história à espera de sair e, finalmente, há um projeto digno de um esforço considerável que se terá de suportar para transformá-lo em fruição. Daí que, conclui ele, o homem é um animal contador de histórias e que raramente deixa passar uma oportunidade para acompanhar os seus trabalhos e suas experiências com histórias apropriadas.

É assim que tendo como foco a narração, enquanto exercício de manifestação de poder, esboçamos um mapeamento breve e experimental da narrativa moçambicana, com a ressalva dos elementos narracionais que se evidenciam num e noutro caso. Esta opção não significa compartimentar nem as obras nem os autores aqui identificados, nem retirar a pluralidade de sentido dos textos, onde fica sempre aberta a possibilidade de encontrarmos os diferentes elementos que num e noutro caso concorrem para um determinado enquadramento identificativo, como o aqui proposto.

Uma das mais expressivas linhas de força da narrativa africana e da moçambicana, em particular, é a de ela afrontar os poderes instituídos, seja no contexto colonial, seja no pós-independência. Trata-se de uma literatura cuja especificidade decorre da sua profunda e estruturante interlocução com o meio de onde ela provém e onde as demonstrações de poder, sobretudo político, são notórias e envolventes. Portanto, temos, neste caso específico, a narração funcionando tanto como um mecanismo de denúncia quando não mesmo de confrontação.

É assim, que num romance como *Portagem*, de Orlando Mendes, pela voz do narrador que está muito longe de uma atitude neutral, acompanhamos não só os conflitos interiores do protagonista, como também as tensões sociais e raciais resultantes da dominação colonial. Tensões que nos são também traduzidas pela voz pretensamente infantil e aparentemente cândida do narrador e que atravessa os diferentes contos que corporizam a obra *Nós matámos o cão tinhoso*, de Luís Bernardo Honwana (1964). E é através desse olhar, quase inocente, mas sobretudo através da visão de dentro, onde a ferocidade dos desequilíbrios, das injustiças e das arbitrariedades gerados pela colonização se desenrola diante do leitor. E a este apenas lhe resta manter-se contemplativo, ou indignar-se, mesmo que impotente, ou, então, sentir-se culpado por nada poder fazer para mudar o curso dos acontecimentos. Ou, se quisermos, dos discursos, em que a marca ominosa do preconceito se torna quase insustentável. Afinal, como explica Roland Barthes (1980:14), o "discurso de poder [é] todo o discurso que engendra a culpa e, por conseguinte, a culpabilidade daquele que o ouve". E, neste caso, o poder da narração em *Nós matámos o cão tinhoso* acaba por ser tremendamente perverso tal o potencial de fruição que acaba por envolver o leitor.

Curiosamente será no pós-independência onde a irreverência de algumas consciências literárias encontrará na arte da narração um poderoso meio de interpelar, muitas vezes de forma sarcástica, alguns desvarios do poder político. Tais são os casos, entre outros, de *Ualalapi* ou *Orgia dos loucos*, de Ungulani Ba Ka Khosa. E, em ambos os casos, trata-se de uma confrontação efetiva tal a virulência da ironia, por exemplo, no conto "A revolta". Gerida com cálculo, a narração conduz-nos gradual e intencionalmente ao clímax da história, fazendo-nos perceber, através da interioridade desvelada do administrador local, as discrepâncias e fragilidades do poder que ele próprio representa. A concentração da narração na figura do administrador, sobretudo através da focalização interna, concorre fortemente não só para desmistificar alguns dos fundamentos ideológicos do sistema, mas também para colocar em questão a hiperbolizada sintonização entre governantes e governados.

> Macacos, cães, filhos mal-paridos, agora vão ver quem sou eu, dizia para si, o senhor administrador, à medida que caminhava em direcção à sede, perante o silêncio céptico da população em ver o herói do distrito com as pantufas arrastando a areia solta... (p. 86)

Entretanto existe toda uma arte de narrar cujo poder radica no seu sentido fundacional, neste caso, da nação, seja ela pedagógica, mais englobante e ordenadora, seja ela performativa, mais descontínua e refratária. Trata-se de uma vocação quase transversal à narrativa moçambicana, diríamos mesmo à narrativa africana, em geral. Por um lado, pela forte e intensa relação dialógica com a realidade envolvente e, por outro, por uma espécie de missão assumida por grande parte dos escritores. Se é verdade que autores já consagrados como Mia Couto e Aldino Muianga traduzem fortemente essa vocação, jovens escritores como Clemente Bata, com *Retratos do instante*, Hélder Faife, com *Contos de fuga*, ou, ainda, Lucílio Manjate, com *O contador de palavras*, revitalizam e prolongam essa vocação.

O conto, colocando-se assim ao lado daquela que me parece a marca mais expressiva da literatura moçambicana, a poesia, através da narrativa curta e fragmentária, afirma a sua performatividade que assenta, segundo Bhabha (1995), na representação da vida social, nos seus aspectos mais comezinhos, marginais e imprevisíveis e aparentemente esvaziados de um sentido mais profundo.

E a narração faz-se essa nação poderosa dos que até aí não tinham voz, mas faz-se sobretudo nação plural, diversa, desafiadora e palpitante dos prédios carcomidos, das ruelas obscuras, dos labirintos suburbanos, dos campos por desbravar, dos conflitos interpessoais, dos olhares perdidos num futuro vazio, dos choros das crianças que rasgam a noite, dos amores furtivos, das gargalhadas em cascata das mulheres, da morte inesperada do pai de família, do gesto solidário da vizinhança de caniço, das traições perdoadas, enfim...

O poder de não esquecer é, seguramente, outra das marcas mais reivindicadas pela narrativa moçambicana. Trata-se, afinal, de resgatar um tempo outro, um tempo épico ou desastroso, um tempo de proibições, de omissões, de múltiplas sujeições, de promessas não cumpridas, de paraísos perdidos, de alegrias suspensas. Curiosamente, os tempos que a narração como memória traz são variados: desde o tempo da ancestralidade, passando pela experiência colonial, até um tempo mais próximo, o do pós-independência. No essencial, qualquer dos tempos, apesar das referências cronológicas e topográficas, parece poder ser medido apenas pela própria ficção que o emoldura e lhe dá existência.

Aqui, nesta vertente, em particular, é como se as narrativas buscassem a sua própria inteligibilidade e o sentido da existência na relação dos seres com a temporalidade. Aldino Muianga é um dos autores onde os três tempos podem ser encontrados, isto é, o ancestral (veja-se, entre outros, *A noiva de Kebera* e *Contos rústicos*); o colonial (*Magustana* e *Meledina ou A história duma prostituta*) e pós-independência (*Nghamula, o homem do tchova ou O eclipse de um cidadão*). Obras como *Ninguém matou Suhura*, de Lília Momplé, *O olho de Hertzog* ou *Duas sombras do rio*, de Borges Coelho, são outros exemplos que, na inscrição de diferentes temporalidades, são emblemáticas da glorificação da memória como narração. Isto é do poder, da arte, do direito e do dever de não esquecer. Daí que para Marc Augé, a "memória e o esquecimento mantêm de algum modo a mesma relação que existe entre a vida e a morte".

Passemos agora, neste nosso rápido excurso pela ficção moçambicana, a uma outra hipótese de categorização que é a da narração da catástrofe coletiva. Em *A sensibilidade apocalíptica*, Frank Kermode considera que não existe nada de mais antiutópico que as ficções escatológicas, onde a obsessão com a ideia do fim é intensa. A dado passo afirma ainda que "Não é que sejamos conhecedores do caos, mas estamos, sim, rodeados por ele, e equipados para coexistirmos com ele apenas através dos nossos poderes de ficção" (p. 73). Tanto a ideia de finitude, como o poder da narração para lidar com essa mesma ideia e com o caos que nos cerca, e que muitas vezes é, afinal, uma projeção do caos que lavra dentro de nós, parece estar intensamente representada nas narrativas da catástrofe coletiva.

Tendo como pano de fundo a guerra civil que fustigou o país durante década e meia, *Ventos do apocalipse,* de Paulina Chiziane, e *Terra sonâmbula,* de Mia Couto, são duas experiências do poder de narração sobre o caos coletivo. Significativamente, enquanto que *Ventos do apocalipse* é escrito durante a vigência da referida guerra, *Terra sonâmbula* é um relato *a posteriori,* num rastreio implacável das suas consequências a todos os níveis: físico, psicológico, social e infraestrutural. Aliás, o quadro descritivo que faz a abertura do romance não poderia ser mais elucidativo:

> Naquele lugar, a guerra tinha morto a estrada. Pelos caminhos só as hienas se arrastavam. A paisagem se mestiçara de tristezas nunca vistas, em cores que pegavam à boca. Eram cores sujas, tão sujas que tinham perdido toda a leveza, esquecidas da ousadia de levantar asas pelo azul. Aqui, o céu se tornara impossível. E os viventes se acostumaram ao chão, em resignada aprendizagem da morte.

A guerra aqui, sobretudo pelo seu carácter profunda e absurdamente fratricida, pois trata-se de uma guerra civil, é uma expressão suprema de violência sobre o outro, pois não se trata de aniquilar uma pessoa, mas todas aquelas e tudo aquilo que constitui, ou pode constituir, ameaça. Romance de dupla narração, *Terra sonâmbula* implica também a multiplicação de pontos de vista em relação à história contada o que não só lhe dá configuração e ritmo narrativos particulares, como também acentua e aprofunda os dramas vividos pelas personagens.

A violência, e seguindo Hannah Arendt, opõe-se a discurso, ou, se quisermos, ao próprio sentido de poder como Foucault já o tinha definido. O que significa que narrar a violência é, por conseguinte, uma afirmação de poder. É negar-lhe a lógica e denunciar toda a irracionalidade que lhe está subjacente. Fato que levará o sul-africano Ndjabulo Ndebele a desenvolver toda uma reflexão numa intervenção intitulada "Should literature be political?" (2012) onde fundamenta a inevitabilidade de a literatura na África ter de ser política, face às pressões e ameaças generalizadas do presente e às incertezas em relação ao futuro coletivo dos africanos.

Terminamos este abreviado rastreio da narrativa moçambicana detendo-nos na narração que tem a morte como tema e motivo. Julgo que duas obras, curiosamente do mesmo autor, são superiormente representativas desta vertente narrativa: trata-se de *O regresso do morto* e *Palestra para um morto,* de Suleiman Cassamo. Enquanto que em *O regresso do morto,* a narração, com uma tensa e intensa cadência cinematográfica, nos coloca perante a ideia tradicional da morte como perda, como ausência e como fator fraturante e desestruturante, *Palestra para um morto* faz da narração, mesmo com o seu pendor monologante, um jogo que desafia as crenças do leitor, tanto em relação à própria literatura, como também em relação à própria morte.

A narração impõe-se aqui mais como uma estratégia discursiva que projeta o poder da escrita, uma celebração da literatura, como superação da ideia da morte como desfecho trágico, como chegada a um vazio, mas sobretudo como um espaço de interação com a vida, de intermitências diversificadas e de múltiplas possibilidades existenciais e interpretativas.

Isto é, cumpre-se com este filão necrológico da narrativa moçambicana a função transformacional anteriormente referida pelo jovem Manirakiza e por Chinua Achebe. A voz ora monologante ora dialogante do narrador e as perspectivas narrativas plurais e desconcertantes instauradas, jogando, não sem ironia, com os horizontes de expectativa tanto dos imaginários africanos como de outros, são como que uma demonstração de que a morte não é uma situação limite, mas que o é sim a própria vida pelos muitos sinais que ela apresenta de estar a esgotar-se. Trata-se, pois, e uma vez mais, da reafirmação do pressuposto foucaultiano de que o poder do discurso reside na sua capacidade de poder nomear, representar e interpretar os fenômenos.

Conclusão

Em jeito de conclusão poderíamos afirmar que a literatura moçambicana, à imagem de outras literaturas africanas, releva a sua condição de patrimônio particular pela sua inscrição no patrimônio universal da humanidade, através do poder do discurso que, nas suas variadas realizações, lhe permitiu definir a sua própria singularidade. Singularidade que decorre da capacidade de realizar apropriações, rejeições e sínteses e de estabelecer um diálogo permanente e estruturante com o meio que imediatamente o cerca e com tempos, lugares e imaginários determinados.

É, assim, que, através da arte da narração e pelo viés da voz e do olhar que nos transportam pelas histórias, nos é permitido aceder à pluralidade e diversidade das manifestações do poder patrimonial da literatura e da imaginação, nas suas infinitas interações com a linguagem, com a condição humana e com a vida, no que ela tem de mais comezinho e de mais nobre.

Referências

ACHEBE, Chinua. *Anthills of the Savannah*. Londres: Heinneman, 1987.

ACHEBE, Chinua. *Home and exile*. Oxford: University Press, 2000.

ARENDT, Hannah. *Sobre a violência*. Rio de Janeiro: Civilização Brasileira, 2009.

ASHCROFT, Bill; GRIFFITHS, Gareth; TIFFIN, Helen. *The empire writes back. Theory and practice in post-colonial literatures*. Londres e Nova York: Routledge, 1989.

AUGÉ, Marc. *As formas do esquecimento*. Almada: Iman Edições, 2001.

BARTHES, Roland. *Aula*. São Paulo: Cultrix, 1980.

BATA, Clemente. *Retratos do instante*. Maputo: Associação dos Escritores Moçambicanos (AEMO), 2010.

BORGES, Jorge Luis. *Os conjurados*. Lisboa: Difel, 1987.

CASSAMO, Suleiman. *O regresso do morto*. Maputo: Associação dos Escritores Moçambicanos (AEMO), 1989.

CASSAMO, Suleiman. *Palestra para um morto*. Lisboa: Caminho, 1999; Maputo: Ndjira, 2000.

CHIZIANE, Paulina. *Ventos do apocalipse*. Maputo: Ed. da Autora, 1993.

COELHO, João Paulo Borges. *As duas sombras do rio*. Lisboa: Caminho, 2003.

COELHO, João Paulo Borges. *O olho de Hertzog*. Alfragide: Leya, 2010.

COUTO, Mia. *Terra sonâmbula*. Lisboa: Caminho, 1992.

FAIFE, Hélder. *Contos de fuga*. Maputo: Telecomunicações de Moçambique (TDM), 2010.

FOUCAULT, Michel. *A ordem do discurso*. 5. ed. São Paulo: Edições Loyola, 1999.

FOUCAULT, Michel. *As palavras e as coisas*. Lisboa: Edições 70, 1998.

GENETTE, Gerard. *Discurso da narrativa*. 3. ed. Lisboa: Vega, 1995.

HONWANA, Luís Bernardo. *Nós matámos o cão tinhoso*. Lourenço Marques: Sociedade de Imprensa de Moçambique, 1964.

KERMODE, Frank. *A sensibilidade apocalíptica*. Lisboa: Século XXI, 1997.

KHOSA, Ungulani Ba Ka. *Orgia dos loucos*. 2. ed., Maputo: Associação dos Escritores Moçambicanos (AEMO), 1990.

KHOSA, Ungulani Ba Ka. *Ualalapi*. Maputo: Associação dos Escritores Moçambicanos (AEMO), 1987.

MANIRAKIZA, Emmanuel Reed in Alexander Atkins. "The power of literature": http://atkinsbookshelf.wordpress.com/2012/12/02/the-power-of-literature/

MANJATE, Lucílio. *O contador de palavras*. Maputo: Alcance Editores, 2011.

MOMPLÉ, Lilia. *Ninguém matou Suhura*. Maputo: Associação dos Escritores Moçambicanos (AEMO), 1988.

MUIANGA, Aldino. *A noiva de Kebera, contos*. Maputo: Editora Escolar, 1994; Texto Editores, 2011.

MUIANGA, Aldino. *Contos rústicos*. Maputo: Ndjira, 2007.

MUIANGA, Aldino. *Magustana*. Maputo: Cadernos Tempo, 1992; Texto Editores, 2011.

MUIANGA, Aldino. *Meledina (ou A história duma prostituta)*. Maputo: Ndjira 2004.

MUIANGA, Aldino. *Nghamula, o homem do tchova (ou O eclipse de um cidadão)*. Maputo: Alcance Editores, 2012.

NDEBELE, Ndjabulo. "Should literature be political?". 4 out. 2012. http://www.theguardian.com/books/2012/oct/04/njabulo-s-ndebele-should-literature-be-political

A condição feminina em José Craveirinha, Aldino Muianga e Clemente Bata:
entre a marginalidade e a centralidade[10]

Introdução

Algumas sensibilidades defendem, com uma certa legitimidade, que uma representação verossímil e ajustada da mulher, só é verdadeiramente conseguida se for feita pelas próprias mulheres, visto que elas, melhor que ninguém, se podem pronunciar sobre a sua real condição e experiência existencial, tanto interior como exterior. Curiosamente, talvez produto da própria marginalidade, quando não subalternidade a que elas foram votadas, têm sido os homens, sobretudo no âmbito artístico, os criadores de algumas das representações mais emblemáticas da mulher.

Ao longo da história, inúmeras figuras de mulheres foram incensadas e imortalizadas por escritores e poetas de nomeada. Tais são os casos de Helena de Tróia e Penélope, por Homero; Jocasta e Electra, por Sófocles; Medeia, por Eurípides; Julieta, Cleópatra, Desdêmona, por Shakespeare; Carlota, por Goethe; Madame Bovary, por Flaubert; Iracema, por José de Alencar; Maria Eduarda, por Eça de Queirós; Capitu, por Machado de Assis; Anna Karenina, por Tolstoi; Lolita, por Nabokov, apenas para avançar alguns exemplos sem naturalmente esquecer casos de figuras femininas cristalizadas no imaginário coletivo por pintores, escultores, músicos, cineastas etc.

---

[10] Apresentação em: "Marginalités au féminin dans le monde lusophone. Colloque international et interdisciplinaire". Université Sorbonne Nouvelle, Paris 3, 24 nov. 2014.

Contudo, as representações da mulher, de autoria masculina, têm sido objeto de inúmeras controvérsias, sobretudo por parte de feministas. No contexto africano, em particular, são muitas as ativistas que consideram essas mesmas representações eivadas de preconceito e de incompreensão por parte dos homens sobre a verdadeira natureza e o papel da mulher na família, na sociedade e ao longo da história. Erguem-se, pois, vozes fortemente críticas denunciando a invisibilidade, subalternidade, visão preconceituosa, sobreposição de estereótipos e o ofuscamento a que as mulheres são remetidas pelo ponto de vista dos artistas-homens.

Através da escrita poética de José Craveirinha e narrativa de Aldino Muianga e Clemente Bata, que representam três gerações distintas de escritores moçambicanos, procuraremos analisar como a condição feminina, tanto na sua grandeza como na sua precariedade, se encontra projetada na literatura e no imaginário africano, em geral, e moçambicano, em particular. Reconhecem-se aí dimensões que, estando para além de qualquer leitura maniqueísta, nos revelam o jogo incessante e capcioso entre a marginalidade e a centralidade da mulher na arte e, até certo ponto, na própria sociedade.

A mulher na literatura africana: virtudes e vícios de uma presença

Num artigo intitulado "The Dea(R)Th of Female Presence In Early African Literature: The Depth of Writers' Responsibility", a professora nigeriana da Universidade de Chicago, Christine Ohale, cita uma reconhecida e combativa feminista, também nigeriana, Helen Chukwama, que, numa leitura acutilante das representações da mulher na literatura africana dominada pela presença e pelo olhar masculino, defende que

> *The female character in African fiction is a facile lack-lustre human being, the quiet member of a household, content only to bear children, unfulfilled if she does not, and handicapped if she bears only daughters. In the home, she was not part of decision-making both as a daughter, wife and mother even when the decisions affected her directly.* (In: Ohale, p. 1-2)

A personagem feminina na ficção africana é um dócil ser humano sem brilho, o membro silencioso do agregado familiar, existindo só para ter filhos, frustrada se ela não consegue, e diminuída se ela carrega apenas filhas. Em casa, ela nunca toma parte nas decisões tanto como filha, esposa e mãe, mesmo quando as decisões a afetam diretamente.

Apesar de ambas concederem que alguns escritores africanos em algum momento também criticados, como Chinua Achebe, Ousmane Sembène, Ngugi wa Thiong'o, Elechi Amadi, Cyprian Ekwensi, Isidore Okpewho, Chuks Iloegbunam, se têm esforçado no sentido de focar a sua atenção nas mulheres e de elevá-las a personagens centrais dos seus textos, o mérito dessa, segundo elas, tardia valorização reside no aparecimento das mulheres-escritoras africanas, pois:

> (i)t is only through such enlightenment that African women writers have been able to dismantle the myth of female irrelevance by challenging such archetypal roles as witches, faithless women, femmes fatales, viragos, and playthings of capricious gods. (Ohale, p. 2).

é somente através deste esclarecimento que escritoras africanas foram capazes de acabar com o mito da irrelevância feminina, ao desafiar papéis arquétipos como a bruxa, a mulher sem fé, a *femme fatale*, a virago, e a mulher que serve de brinquedo para deuses volúveis.

Comungando desta posição encontramos a também feminista Merun Nasser (1980) que afirma, de modo categórico, que os escritores africanos falharam em relação à representação do papel complementar da mulher na sociedade africana, o que faz com que os leitores fiquem com a impressão de que o papel das mulheres não é muito mais do que decorativo.

Numa outra perspectiva, quase que diametralmente oposta à das ativistas acima mencionadas, encontramos Godwin Okebaram Uwah (1993:127), da Universidade de Charleston, que, ao discutir a questão da representação da mulher a partir da experiência francófona, considera que tem havido uma certa distorção e injustiça em relação às representações sobre as mulheres feitas pelos autores do sexo masculino. Uma dessa distorções assenta, segundo ele, na ideia de que devido à chegada tardia das mulheres na literatura, os escritores africanos representam as mulheres como mães passivas sem nenhuma personalidade, caráter ou problemas, conformando-se com a sua situação e sem exibirem nenhum espírito de revolta ou de liberdade. Fato que é enfaticamente negado por Godwin, que considera que é claro para ele que os escritores africanos masculinos, em particular os francófonos, não retratam as mulheres africanas como objetos robóticos se inclinando indevidamente às forças do determinismo social ao qual são condenadas, mas, na sua maioria, retratam indivíduos palpáveis equipados, psicologicamente e fisicamente, para fazer escolhas e aceitar a vida em consequência de suas escolhas.

Prosseguindo na sua argumentação, Godwin Uwah (p. 132) defende que

(w)hatever the debate elsewhere in the world, it is clear that the depiction of female images in African works by male writers is not as one-sided as critics contend; in fact, it essentially mirrors the reality of the African experience.

(q)ualquer que seja o debate noutras partes do mundo, está claro que a representação das imagens da mulher nas obras africanas de autores masculinos não é tão unilateral como os críticos argumentam; de fato, essas representações refletem essencialmente a realidade da experiência africana.

Muito mais do que a exibição do confronto entre dois posicionamentos antagônicos em relação à representação da mulher na literatura feita por africanos, entendemos que o que estas percepções deixam entrever é a complexidade e a problemática não só das relações de gênero na África, mas também as múltiplas e diversificadas construções que regem a vida dessas sociedades, no seu todo.

Temos, assim, por um lado, construções que traduzem as dinâmicas, tensões e contradições do cotidiano, bem como, por outro lado, as expectativas que vão gerindo a necessidade de superação de uma injustiça histórica que, apesar de todos os esforços e avanços, tem efetivamente colocado as mulheres numa condição anacrônica e insustentável.

Em *The madwoman in the Attic* (2000), as autoras Sandra M. Gilbert e Susan Gubar defendem que a literatura, afinal tal como a arte em geral, tem sido tradicionalmente uma seara masculina que, de certo modo, reproduz a essência da sociedade e do poder patriarcal, o que significa que a sexualidade masculina, em outras palavras, não é só analogicamente, mas verdadeiramente a essência do poder literário. A pena do poeta é, do ponto de vista delas, muito mais do que simbolicamente, um pênis.

É, pois, essa dimensão falocêntrica e patriarcal que, estando muito presente nas interações do gênero, e com o pendor reconhecidamente hegemônico da componente masculina, concorre para a construção e concretização dos arquétipos e dos inúmeros estereótipos que presidem essas relações e as perpetuam. Tais são, pois, entre outros, os casos dos arquétipos ligados à maternidade, sedução, fecundidade, dedicação, rebeldia, dependência, bem como todo um conjunto de estereótipos respaldados no preconceito e que determinariam que a mulher surja representada como um ser subalterno, submisso, decadente, sensual, indefeso, perverso, demoníaco etc.

O feminismo surge como um movimento reativo, defendendo os direitos das mulheres e o resgate da sua dignidade, tendo desempenhado um papel significativo no imaginário emancipatório do século XX. O corpo feminino funcionaria, assim, como uma plataforma onde assentavam os fundamentos da igualdade entre os sexos e que passavam pelas ideias de liberdade sexual e maternidade assistida e por estigmas como o aborto, a pornografia e a prostituição. O feminismo irá concorrer para a superação das imagens, códigos e papéis tradicionais não só da mulher, mas também do próprio homem.

No entanto, nas suas expressões mais extremadas, esse mesmo movimento acabará por incorporar alguns dos vícios que enfermavam a razão e o alvo do seu combate, neste caso, algum radicalismo e a intolerância que caracterizam o patriarcalismo e o falocentrismo. Fato que parece estar presente, em particular, nas posições judicativas do feminismo africano em relação às representações da mulher na literatura. A justificá-lo estará o fato, contrariamente ao que ia acontecendo no Ocidente, de a mulher, na África, ter sido e ser ainda vítima de um duplo patriarcalismo: o tradicional, exercido pelos próprios africanos, e o colonial, consequência da presença hegemônica europeia.

Mesmo assim, apesar de compreensíveis, reputamos de excessivas e nem sempre justas as leituras feitas pelas ativistas africanas em relação a essas mesmas representações, pelo simples fato de que, por exemplo, a questão da invisibilidade deixa de fazer sentido, quando na poesia e na narrativa africana a mulher se encontra fortemente presente, desempenhando múltiplos papéis na interação com o homem, mesmo que, em muitos casos, numa condição de subalternidade e de marginalidade. Circunstância dificilmente contornável por fazer parte da realidade onde os escritores se inspiram.

Por outro lado, a circunstância de essas mesmas mulheres surgirem como protagonistas ou estarem debaixo do foco descritivo e poético em muitos textos de autores africanos, sem paternalismos e associadas a valores sociais positivos, irá superiormente refletir a sua relevância e centralidade, em muitas situações em contraste com papéis secundários e heterodoxos desempenhados pelo homem. É, pois, neste sentido que nos movemos ao trazer, como exemplos, os textos de José Craveirinha, Aldino Muianga e Clemente Bata.

Marginalidade e centralidade da mulher na literatura moçambicana

Pelo fato de a literatura moçambicana, no seu processo formativo, tal como as outras literaturas africanas, ter como seus principais cultores representantes das camadas marginalizadas da sociedade colonial, foram precisamente esses estratos, através das suas vivências, linguagens e aspirações, que se instituíram não só como a principal fonte de inspiração estética e temática, como também fundamento de uma nova cosmogonia social, ética, política e cultural.

Subalternizados, perseguidos, segregados, desprezados ou ignorados, os marginalizados da sociedade colonial são deslocados para o centro do mundo concebido e recriado pelos poetas e pelos ficcionistas da literatura africana feita, entretanto, de apropriações, rupturas e sínteses. Trata-se, neste caso, de um ajuste de contas histórico, que implicava dar voz aos que até aí não tinham voz e dar corpo àqueles que eram uma aviltante presença ou uma ominosa ausência na literatura colonial.

Isto é, os marginalizados traduzem a incompatibilidade estrutural da mundividência colonial com a dos africanos. Este é, por sua vez, um universo com desequilíbrios intrínsecos, que a dominação colonial só viria acentuar. E um desses desequilíbrios tem precisamente a ver com as relações de gênero. Estas, inscrevendo-se numa ordem histórica que concede papéis e lugares secundários e passivos às mulheres, acabariam por alimentar intensamente a produção literária dos escritores africanos, com o inevitável desfile, em muitos casos, dos arquétipos tradicionais ligados à mulher.

Paradoxal e sintomaticamente será no investimento do arquétipo Mãe-Terra, neste caso, Mãe-África ou Mãe Negra, onde se verifica, de forma simbólica sobretudo, a importância que o escritor africano acaba por atribuir à figura feminina. Exemplos: "a farinha do sarcasmo que coloniza minha Mãe África" (J. Craveirinha – Moçambique, *Xigubo*, p. 15); "A mãe negra não tem casa/ nem carinhos de ninguém" (Aguinaldo Fonseca – Cabo Verde, "Mãe Negra", in Manuel Ferreira I, p. 157); "Tu amas o teu menino/ (Assim as mães, quase todas!)" (António Baticã Ferreira – Guiné-Bissau, "Mãe Negra", in Manuel Ferreira, I, p. 317); "germine a semente, e rompa o fruto/ da Mãe-Terra fertilizante", (António Jacinto – Angola, "Declaração", in Manuel Ferreira, II, p. 129); "Esta negra África escarumba, olé!/(...) Ela é nossa mãe!", (Marcelo Veiga – São Tomé e Príncipe, "África é nossa", in Manuel Ferreira, II, p. 466).

Outra dimensão feminina que não deixará de estar presente na então emergente literatura africana, e muito por influência do romantismo europeu, é o da mulher idealizada e desejada, mas quase sempre inalcançável. Tal é o caso, do poeta moçambicano Rui de Noronha (1909-1943), no soneto "Por eu amar-te tanto", de onde retiramos a segunda quadra, da antologia organizada por Fátima Mendonça (2006):

> Oh, corações secretos de mulheres!
> Oh, minhas ilusões, mágoas sem fim!
> Por que hei-de eu só ter mágoas, não prazeres
> Será por tanto amar-te assim querubim?
> (Rui de Noronha, *Os meus versos*, p. 42)

Tanto num como noutro caso, a mulher aparece-nos, mesmo que presa a um determinado estereótipo, mesmo que envolta por uma aura deslumbrada e mistificadora, numa dimensão em que a ordem dominante na sociedade patriarcal é invertida. Isto é, nos exemplos acima expostos, o poder surge transferido para o universo feminino, colocando a mulher no centro da escrita e do mundo aí representado.

"Ode à Teresinha" de José Craveirinha: decadência e redenção

No caso da literatura moçambicana, muito particularmente, na escrita do seu poeta mais representativo, José Craveirinha, a presença da mulher será recorrente, quase onipresente. Atendo-nos apenas à obra *Karingana Ua Karingana*, podemos avançar alguns exemplos dessa presença baseando-nos unicamente nos títulos de poemas, como "Felismina", "Mãe", "Maria Sende", "Elegia a uma mulher de seis anos", "Mamana Saquina", "Sangue da minha mãe", "Hino de louvor a Valentina Tereskova", "Carta para uma Maria João", "Carta para a mãe dos meus filhos", "Reza, Maria" etc.

A figura da mulher aparece aí associada a múltiplos papéis e dimensões: mãe, esposa, criança, heroína, amante, trabalhadora e prostituta, todas elas dando forma e vida a um vigoroso caleidoscópio social e humano, fruto das experiências e da imaginação criativa e irreverente do sujeito poético.

Não surpreende, pois, que na esteira desse inconformismo e de um poderoso sentido interventivo, a figura da prostituta povoe alguns dos mais emblemáticos poemas de José Craveirinha, como são os casos, entre outros, de "Felismina" e "Ode à Teresinha". E o estado de insurgência reconhecível nos poemas prende-se, como iremos verificar em seguida, ao fato de a prostituição ser percebida como um dos mais perniciosos e aviltantes fenômenos da presença colonial portuguesa em Moçambique. Daí que a pena do poeta, longe de perpetuar ou legitimar a infâmia, procure enquadrar, com alguma crueza e desassombro, esse mesmo fenômeno, nunca o dissociando do contexto global em que ele emerge, denunciando e vituperando tanto o fenômeno como o próprio contexto, invariavelmente com recurso a uma ironia feroz e impenitente.

Ao comparar, por exemplo, a dança a que Felismina se submete com um circo: "Com música/ e jogo de luzes como nos circos", Craveirinha vinca a condição objetificadora e rebaixante da *stripper*, cuja centralidade decorre tanto do foco dos holofotes como dos olhos lúbricos que lhe espreitam a nudez, por um lado, e da interpelação provocadoramente irônica do sujeito poético, por outro: "desabotoa-te lentamente, Felismina/ desabotoa-te ao cúmulo das regras do cabaré/ desabotoa-te Felismina".

Esta é, pois, uma centralização perversa. Por um lado, porque se trata não só de expor o corpo da mulher, mas também e consequentemente a sua dignidade ultrajada: "Aqui na cidade/ a cada milímetro do teu descaramento/ vais evoluindo alvejada a focos na barriga/ vais evoluindo cada vez mais nua". Por outro lado, vemos denunciados alguns mecanismos da alienação cultural que envolve a visível degradação corporal e moral: "vais evoluindo de mamana mal vestida/ em bem despida artista de "strip-tease".

A exploração da ambiguidade do verbo "evoluir" retrata, de forma quase cruel, a condição dramática da mulher africana empurrada para um ofício que a coloca num dos níveis mais abjetos da estrutura social: pobre, analfabeta e marginal: "vais evoluindo sem um único livro/ vais evoluindo dentro deste circo/ vais evoluindo Felismina".

"Ode à Teresinha" reitera a acutilância denunciadora da poética de José Craveirinha, em que, através de uma toada também ela dialógica, aponta a pluralidade dos efeitos destrutivos da atividade a que Teresinha, à imagem de outras mulheres anônimas, se dedica: "iniciado sentimento de amargura", "semi-cinismo triste das tuas gargalhadas", "tua hipótese de busto", "futuros seios dois mamilos nas costelas", "tão prematura... tua voz infantil", "tua voz rouca de nicotina e álcool", "prostitutazinha virginal", "afamada inocência experiente", "teu sangue imune aos antibióticos".

Por outro lado, num processo enumerativo, encontramos listada a sequência escabrosamente díspare da clientela: "todos ávidos da evolução técnica mas impúbere/ do teu ângulo azul-escuro de anjo na cama", fato por si revelador da dimensão conspurcatória e trágica de que a prostituição se reveste. É assim que vemos desfilar à porta de Teresinha, "serralheiros/ soldadores/ tripulantes/ recrutas sem cheta/ terceiros oficiais e informadores, choferes, bebedanas".

Mas este é um poema que está muito longe de ser contemplativo ou compassivo. Daí o apelo final, a enérgica e desafiadora sacudidela do torpor coletivo, na reinvenção de uma utopia redentora e emancipatória:

> e ao romântico xipefo da Lua nos zincos da Munhuana
> tu reiventando as maldições terríveis dos xipócuès
> vem comigo Teresinha, vem comigo
> e drogada ou desdrogada
> reabita a Mafalala!

"A Rosa de Kariacó" de Aldino Muianga: rebeldia, emancipação e dignificação

O sentido de posse é um dos fundamentos da sociedade tradicional e patriarcal. Isto é, o homem concede-se o direito de posse sobre as colheitas, a casa e os filhos. Outro fundamento, imediatamente correlacionado tem a ver com a transferência desses mesmos direitos de posse, quando a mulher, ao se casar, normalmente virgem e pura, num processo onde a palavra dela é irrelevante, tem que submeter-se à tutela do marido, seu novo proprietário.

No conto "A Rosa de Kariacó", de Aldino Muianga, uma severa e prolongada seca afeta a região de Ntsinene, comprometendo as culturas, as colheitas e inviabilizando a vida dos seus habitantes, agricultores na sua totalidade, e disseminando a miséria entre eles. O velho Mawelele, que vê os filhos partirem em busca de melhores condições nas vilas e nas cidades, é obrigado a endividar-se junto de um agricultor próspero, o velho Chigomba. Passam dois anos e Mawelele não consegue saldar a dívida contraída até que, como último recurso, decide entregar ao credor a única filha que lhe restava e com quem vivia:

> O sol punha tons rubros no firmamento quando a delegação da família Chigomba se retirou. Para conservar a propriedade, baba Mawelele propusera oferecer-lhe a mão da filha, a Rosa, e dela fazer esposa, como remissão de crédito. Com a festiva e final concordância de todos,

> a partir daquele instante, a Rosa passa a ser esposa e serva legítima de Chigomba, em troca de duzentos escudos e de uma cabra. Ela tinha apenas doze anos de idade, e fora ainda na véspera que tivera as primeiras regras. (p. 70)

Esta é uma descrição implacável de como se esteiam as relações de poder neste tipo de sociedade onde a mulher, por ser mulher, acaba por ser remetida ao silêncio, à obscuridade e à completa subalternidade. Com alguma crueza, Aldino Muianga recria as correlações de poder que envolvem a mulher quer no seio familiar, quer na própria comunidade guiada por tradições e por práticas que são uma demonstração permanente do poder masculino.

É assim que, no próprio dia do casamento, a "Rosa caminha na cauda do cortejo. Carrega à cabeça uma maleta de roupa. Nas mãos, cestos dos seus outros pertences" (p. 71). Por outro lado, no lar para onde levada, já lá se encontram as duas esposas mais velhas de Chigomba. E ficamos, então, a saber que essas esposas "não manifestavam aberta animosidade ou hostilidade contra ela, mas era evidente que a tratavam como uma estranha. A função dela era apenas servir o lar e os filhos que elas procriavam sem parar" (p. 71).

Significa, portanto, que Rosa se encontra na posição mais baixa da hierarquia familiar e social. E a situação irá agravar-se quando a sua infertilidade é descoberta, fato que mesmo tendo em conta a provecta idade de Chigomba, é assumido por todos, como inquestionável. Na crença coletiva, "a idade de Chigomba, já bisavô, não era impedimento de valor e peso: um homem não tem idade, pode fazer filhos até morrer de velhice! – é da sabedoria das tradições" (p. 72).

Entretanto, através da focalização interna, o narrador ilumina-nos a vida interior de Rosa, cheia de interrogações, inquietações, questionamentos, angústias:

> Nestes últimos tempos é como se a Rosa começasse a despertar de um sono profundo. Nas hortas, no silêncio das noites, acha-se a perguntar a si própria como viera viver nesta casa. Que secretos pactos, que interesses estaria ali a proteger? (...) O que mais a aflige é esta incontida vontade de atravessar estes horizontes que a manietam e asfixiam o desejo de conhecer mais e ser mais. (p. 72)

O que é marcante nesta passagem é, por um lado, a grande atividade psicológica de Rosa, e que nos revela um espírito inquieto e inconformado, traduzindo uma vida interior profunda e complexa, fato que, por si só, desafia os estereótipos normalmente colados à mulher africana, sobretudo dos meios rurais, que nos surge quase sempre como um ser passivo, conformado e previsível. E há toda uma corrente de consciência protagonizada por Rosa em que ela manifesta intimamente a vontade de seguir o exemplo das irmãs, segundo ela, "donas das suas vontades e condutoras dos seus destinos" (p. 72). Isto é, ela sonha em "ir ao encontro da liberdade de escolher o seu futuro, de decidir ter o homem que amasse e com ele constituir o seu lar e a sua família. Desde há tempos que começou a abominar a vida neste desterro, onde nem opinião podia ter". A consciência crítica de Rosa acentua-se poderosamente quando ela percebe que as "mulheres mais velhas, essas, não passavam de figuras obscuras, eternamente submissas aos caprichos do seu amo" (p. 72).

Por outro lado, ao privilegiar, na economia narrativa, uma personagem feminina, não só a nível da forma como ela está concebida e das ações que ela desenvolve, mas também da visão que ela tem da vida, do mundo e de si própria, o narrador quebra também a condição estereotipada de invisibilidade, subalternidade e marginalidade a que a mulher tem sido votada.

A aura de iconoclastia que envolve Rosa, dada a sua manifesta determinação e obstinação, será selada no momento em que ela enfrentando o velho Chigomba, comunica-lhe a decisão de partir, o que levará este não só a expressar a sua perplexidade e indignação: "Nunca ouvi uma mulher falar assim para seu homem", dirá ele, como também a reagir com violência ao atrevimento da mulher: "Solta o cinto dos cós das calças e, brutalmente, enche-a de golpes nas costas, na cara, nos braços, a entremear insultos e maldições" (p. 73). Este é mais um exemplo, infelizmente ainda muito comum nas diferentes sociedades, onde o patriarcado se impõe como um poder quer através do discurso, quer através de práticas em que a subordinação da mulher é não só perpetuada como também explorada ao limite.

Mas nada demoverá Rosa, que partirá no dia seguinte de Ntsinene para a cidade, de onde regressará quatro anos depois para pagar a dívida contraída pelo pai e conquistar dignamente a sua liberdade.

São inevitáveis aproximações do percurso de Rosa com o existencialismo sartriano o que confere uma densidade acrescida à personagem e o que ela significa enquanto alegoria emancipatória. Isto é, num contexto onde o sentido coletivo, comunitário da vida domina sobre tudo o resto, Rosa afirma-se e afirma a sua individualidade perante toda uma muralha de proibições e tradições. Se é verdade que é a sua liberdade que ela afirma buscar, essa liberdade já se encontra materializada nas escolhas que ela faz, num ato consciente e responsável, e com a assunção de todas as consequências.

"Castigo" de Clemente Bata: a desmoralização da falocracia

O conto "Castigo" do jovem escritor Clemente Bata impõe-se, mesmo que outras possibilidades interpretativas se levantem, como uma narrativa de tese. Toda a arquitetura do conto, desde o título, passando pelo enredo até ao desfecho tudo se conjuga numa única direção: o da punição.

Assim, começando pelo título, confrontamo-nos, de imediato, com uma ambiguidade indisfarçável. Ele é, ao mesmo tempo, nome do protagonista, e de uma sonora insinuação do que lhe acontece na história. Esta resume-se à vida de um homem, Castigo, casado com Malena e que tem uma amante, Aberta, com quem tem um filho. Amante há dez anos, Aberta encontra-se agastada com a situação o que força Castigo a separar-se da mulher, considerada estéril. Um acidente de carro vem revelar que o filho que Castigo tem com a amante afinal não era dele, como ficará a saber da boca da própria Aberta. Mais tarde, Castigo irá cruzar-se com Malena, a esposa estigmatizada e rejeitada que lhe confessa ter iniciado uma nova vida, com um outro homem, de quem se encontra grávida. Castigo acaba sozinho, alcoólatra e destruído.

Que maior punição haveria para um homem com posturas ostensivamente machistas e aferrado a tradições falocêntricas? Este conto é, inequivocamente, uma irônica e feroz interpelação, por um lado, às injustiças de que muitas mulheres ainda são vítimas no nosso tempo e, por outro, uma impenitente exposição do que há de retrógrado, inconsistente e burlesco na celebrada superioridade do homem em relação à mulher.

Meritório e irônico neste texto, tal como em Craveirinha e Aldino Muianga, é que sejam perspectivas e vozes masculinas pondo em questão a própria supremacia do homem, contribuindo para a retirada da mulher de uma marginalidade insustentável para uma centralidade que lhe é devida. Se é verdade que as mulheres, nas diferentes esferas da vida, tinham já iniciado o movimento em prol da sua emancipação, essa emancipação só adquiriu consistência quando as consciências masculinas saíram da zona de conforto para onde a história do mundo os tinha remetido e deram voz e corpo, em especial na literatura, a quem deles tinha sido subtraído ou subvertido.

Por outro lado, são textos como estes, tal como muitos outros escritos por autores africanos, em que de forma inequívoca as personagens femininas adquirem papéis e dimensões relevantes, que deitam por terra as afirmações de muitas feministas africanas de que as mulheres são ignoradas ou diminuídas pelos escritores masculinos. Tal é o caso da destacada escritora nigeriana Zaynab Alkali que é categórica quando diz, citada por Ilídio Amaral (2003:158):

> Posso afirmar que, na literatura africana, as mulheres não estão adequadamente representadas, já para não falar de serem maltratadas, de uma maneira ou doutra. Com muitas poucas exceções, as mulheres são ignoradas. Quando muito têm papéis menores nos enredos. Estou certa de que alguns escritores, se pudessem, tinham dispensado as personagens femininas.

Seguramente não é este o caso pelo menos de autores como José Craveirinha, Aldino Muianga e Clemente Bata.

Conclusão

Esta breve incursão ao universo representacional da mulher na literatura moçambicana feita por homens, permitiu-nos, primeiro, identificar algumas das imagens nela presentes e reveladoras da sua pluralidade e diversidade, bem como a relevância e complexidade dos papéis que ela assume na arte e na vida. Fato que, como pudemos verificar, deixa vincada a importância que, numa perspectiva mais ampla, os autores africanos conferem às mulheres na sua escrita, apesar dos inevitáveis estereótipos que povoam muita da sua escrita.

Por outro lado, no modo como essa representação se efetiva, na concepção da personagem feminina e nos papéis que ela desempenha, verificamos como, mesmo que colocada na condição mais subalterna e periférica da estrutura social, a mulher emerge, através dessa mesma escrita de autoria masculina, como uma figura central e decisiva, rompendo com alguns dos estereótipos dominantes.

Os três autores aqui trazidos, representando gerações distintas, isto é, contextos socio-históricos diferentes, permitem-nos ter uma perspectiva amplificada de como a mulher se encontra representada na literatura moçambicana, em particular, e na africana, em geral. Apesar de subsistirem imagens que traduzem um generalizado preconceito em relação à mulher, um fato que dificilmente pode ser negado é o da centralidade que ela adquire em diferentes textos, numa demonstração da importância da arte e da literatura, em especial, ao longo dos tempos para a valorização da mulher e do seu lugar indiscutível na sociedade. Quer dizer, a arte, muito em particular da autoria masculina, realizou, por antecipação, a utopia negada, ainda hoje, pela realidade social que é a de trazer a mulher da periferia, da margem para o centro do discurso, para o centro do mundo.

Referências

AMARAL, Ilídio. "Presença da mulher africana ao Sul do Sara na cultura e na ciência: questões do género". In: *Africana Studio*. n. 6, Faculdade de Letras da Universidade do Porto, 2003. (p. 153-171)

BATA, Clemente. *Retratos do instante*. Maputo: Associação dos Escritores Moçambicanos (AEMO), 2010. (p. 79-86).

CRAVEIRINHA, José. *Karingana ua Karingana*. Maputo: Instituto Nacional do Livro e do Disco (INLD), 1982.

CRAVEIRINHA, José. *Xigubo*. Maputo: Instituto Nacional do Livro e do Disco (INLD), 1980.

FERREIRA, Manuel. *No Reino de Caliban I, II*. Lisboa: Plátano Editor, 1997.

GILBERT, Sandra M.; GUBAR, Susan. *The madwoman in the Attic: The woman writer and the nineteenth-century literary imagination*. Yale: Yale University Press, 2000.

MUIANGA, Aldino. "A Rosa de Kariacó". In: *O domador de burros e outros contos*. Maputo: Ndjira, 2003. (p. 63-77)

NORONHA, Rui de. *Os meus versos*. (Org. Fátima Mendonça). Maputo: Ndjira, 2006.

OHALE, Christine. "The dea(R)Th of female presence in early African Literature: The depth of writers' responsability". In: *Forum on Public Policy*, 2010.

UWAH, Godwin Okebaram. "The Image of the woman in Francophone African fiction". In: *The International Fiction Review*. v.20, n.2. 1993. (p. 127-132)

A contribuição das literaturas africanas no desenvolvimento da Língua Portuguesa[11]

Introdução

Acredito ser este um tema, apesar de movediço, extremamente instigante para qualquer estudioso de literaturas africanas. Se é verdade que a relação entre literatura e língua se processa naturalmente e assenta numa base de implicação recíproca, não é menos verdade que tendo em conta que essa língua foi imposta, afinal tal como acontece com quase todas as línguas de colonização, o grau de problematicidade é inevitavelmente elevado. Mais elevado ainda se tivermos em conta que se trata da mesma língua a veicular distintas literaturas geradas em contextos geográficos e socioculturais também eles diferentes.

Tal é, pois, o caso das literaturas africanas de língua portuguesa que, mesmo tratando-se de um idioma que foi sendo apropriado, inseminado e enriquecido pelos diferentes universos de fala e de escrita, esses sistemas literários não vão deixar de manifestar, no que concerne à linguagem, todas as tensões, contradições, transgressões e ambiguidades geradas pela situação colonial.

É, pois, neste âmbito que se enquadra a categórica posição do escritor nigeriano, Chidi Amuta (1989:112), para quem *"perhaps the most enduring symptom of the colonialist fixation of discourse on African literature is the problematization of the language question"* / "talvez o sintoma mais

---

[11] III Congresso Internacional de Língua Portuguesa. Universidade Piaget, Luanda, 18-20 set. 2014.

duradouro da fixação colonial pelo discurso na literatura africana seja a problematização da questão da linguagem".

Hoje, cerca de 40 anos depois de proclamadas as independências políticas dos cinco países africanos, a língua portuguesa, ao mesmo tempo que participa intensamente da afirmação das soberanias nacionais, enquanto instrumento de socialização e de comunicação formal e informal aos mais diversos níveis (socioculturais, políticos, religiosos, econômicos etc.), ela também se encontra por detrás de mecanismos, voluntários e involuntários, de exclusão e de incomunicação. Daí a sua dimensão hegemônica e que, na esteira da secular presença colonial na África, ela continua, enquanto língua de comunicação oficial e de prestígio, a sobrepor-se ao conjunto das línguas africanas.

Justifica-se, a partir daqui, a controvérsia e os impasses que rodeiam, muitas vezes, as abordagens que tenham como objeto a língua, tendo em conta tanto o passado histórico como também as grandes transformações e acelerações vividas no nosso tempo quer do ponto de vista tecnológico, quer do ponto de vista dos movimentos populacionais de curta e longa duração impulsionados por diferentes motivações de natureza política, econômica ou militar.

Numa das suas múltiplas reflexões sobre a importância da literatura, depois de sublinhar os impactos intelectuais, culturais, psicológicos, científicos, cívicos e políticos na formação da humanidade, Mário Vargas Llosa defende que um dos primeiros efeitos benéficos da literatura se situa no plano da linguagem de tal modo que nenhuma disciplina substitui a literatura na formação desse veículo. Segundo ele, uma sociedade sem literatura escrita exprime-se com menos precisão, menos riqueza de nuances, menos clareza, correção e profundidade do que a que cultivou os textos literários.

Estamos aqui perante uma clara e compreensível sobrevalorização e consagração da escrita por parte deste notável romancista e ensaísta latino-americano que reconhece, nessa mesma escrita, uma das mais emblemáticas expressões de afirmação civilizacional. Apesar de vislumbrarmos algum ranço de injustiça na afirmação de Vargas Llosa por implicitamente negar "riqueza de nuances, clareza, correção e profundidade" a sociedades sem literatura escrita, o que como sabemos não corresponde necessariamente à verdade, parece-nos inegável o papel que essa mesma literatura escrita possui na projeção, desenvolvimento e perpetuação das nações tendo em conta os códigos triunfantes da modernidade e, se quisermos, da pós-modernidade.

Não resistimos, pois, a terminar esta introdução sem nos colocarmos algumas questões que irão guiar esta nossa reflexão. Assim,

- sendo a literatura um registro da escrita;
- tendo em conta o peso persistente da oralidade e os elevados índices de analfabetismo na África – dados do último relatório da UNESCO (2014) dizem-nos que cerca de 250 milhões de crianças no mundo não estão a aprender a ler e que uma em cada quatro crianças nos países pobres não consegue ler uma frase;
- atendendo a que se trata de sociedades multilíngues, nalguns casos convivendo com mais de 20 línguas nativas, caso de Moçambique (Firmino, 2005);
- tendo em conta ainda o fato de a língua portuguesa, em quase todos esses países, não ser falada por uma média não muito superior a 20% da população, qual, então, o real contributo das literaturas africanas no desenvolvimento da língua portuguesa? Em que consiste, de fato, esse contributo? E, finalmente, o que realmente significa o desenvolvimento de uma língua?

Da competência linguística e da competência literária

Quando é que um indivíduo pode ser considerado linguisticamente competente? Roland Barthes dar-nos-ia, numa afirmação com intensas e inequívocas ressonâncias chomskianas, uma resposta lapidar: quando o indivíduo domina a frase. Aliás, como sabemos, para Noam Chomsky, a competência linguística de um falante traduz-se pelo domínio que ele possui de um conjunto finito de regras e que o leva, através da necessidade e da criatividade, a produzir um conjunto infinito de frases possíveis.

A competência linguística, ao lado de outros fatores como o contexto sociocultural, a memória, os aspectos psicológicos e emocionais, a formação e as crenças de um determinado falante, é fundamental para a realização linguística através de registros orais ou escritos. E um dos registros mais marcantes é exatamente o literário que, por sua vez, permite o acesso, mais ou menos formal, tanto ao conjunto finito de regras que caracteriza uma língua, como à representação quase ilimitada de realizações discursivas possíveis nessa mesma língua.

Uma perspectiva interacional como aquela que nos é proposta legitimamente pelos sociolinguistas, tal é o caso de Gregório Firmino (2005:32), mostra-nos que a língua é um complexo multiestratificado que engloba não só o sistema gramatical, mas também o retórico, o indicial e o ideológico. Os fenómenos linguísticos não se reduzem à "gramática" e não estão isolados das práticas sociais. Eles estão incorporados num contexto mais vasto da vida social, à qual a língua está estricavelmente [sic] ligada. O uso da língua e a consequente constituição de uma comunidade linguística resulta de uma interacção entre todos estes sistemas.

Daí que estejamos de acordo, de que mais do que a competência linguística *strito sensu*, o que prevalece, de fato, é a competência comunicativa que tem um alcance muito mais vasto e dinâmico da língua dada a equação, entre outras, de diferentes dimensões como sejam as sociais, políticas, econômicas e culturais.

Num texto já muito distante no tempo, mas de uma enorme atualidade, Edward Sapir (1921) explica que as possibilidades individuais de expressão são infinitas e que a língua é o mais fluido dos meios para nos exprimirmos. E a língua, tal como o barro, o bronze, a pedra ou a madeira para o escultor, é o meio através do qual a literatura adquire vida e significado. Isto é, trata-se, neste caso, de um "código que subjaz ao texto literário, que possibilita a sua produção e a sua recepção" (Silva, 1986).

Por outro lado, é ao lado da oralidade que a literatura se posiciona como um dos lugares onde as dinâmicas transformacionais de uma língua mais se efetivam. Enquanto espaço onde se representam e se recriam vivências individuais e coletivas, a literatura ajuda-nos não só a perceber aqueles que são os códigos, as tendências e os valores dominantes numa sociedade e num tempo determinado, como também o potencial de expressividade e de adaptabilidade de uma língua a um dado contexto.

Além do mais, a literatura surge como lugar de todas as possibilidades, permitindo que a vibração da criatividade, sobretudo a nível linguístico, desafie os limites da previsibilidade e os equilíbrios estruturais da norma instituída, assumindo-se, nesse caso, como fator de inovação. Por outro lado, ela, a literatura, é também fator de estabilização dessa mesma língua, quer quando se impõe como modelo para os novos escritores, quer para os aprendentes da língua, em geral. Daí que, tanto num como noutro caso, a questão da aprendizagem da língua através da literatura se apresente de forma crucial para a competência linguística bem como para a própria competência literária.

Num artigo publicado em 2005, o turco Murat Hişmanoğlu, ao analisar a importância do ensino da literatura para o domínio da língua, apresenta-nos, no essencial, o conjunto de vantagens que o texto literário propicia na aquisição e desenvolvimento não só da competência linguística, mas também de outras competências na formação e nas interações humanas. Assim, segundo ele, além de a literatura representar um material autêntico e valioso, concorre para o enriquecimento cultural, envolvimento pessoal e desenvolvimento linguístico, que passa necessariamente pela capacidade de ler, escrever, ouvir e falar fluentemente. No caso específico da poesia, esta aumenta a sensibilidade para os sons, as palavras e os significados, a ousadia para ir além das regras lexicais e gramaticais, a profunda e estimulante familiarização com as figuras de estilo, caso da metáfora, da aliteração, da ironia e da personificação, entre outras.

Em suma, além de que significa uma porta aberta para a competência cultural, seja ela local ou universal, a literatura contribui para o reconhecimento e aceitação das diferenças, para um acentuado sentido crítico, criativo e analítico e para o alargamento do espírito, em geral.

Apesar de não haver uma implicação direta entre competência linguística e competência literária, é inegável que quanto maior for o domínio do código linguístico, maiores são as possibilidades de os falantes produzirem e interpretarem registros dos diferentes códigos (estilístico, retórico, prosódico, estético, ideológico etc.) que compõem o texto literário. Não nos esqueçamos, por outro lado, que uma língua é, por sua vez, um código multissistemático, onde são recorrentemente identificados três sistemas: o semântico, o morfossintático e o fonológico.

Se a isso associarmos as diferentes variações que cada língua apresenta seja do ponto de vista geográfico, sociocultural, econômico, étnico, etário, profissional, educacional e sexual, seja do ponto de vista dos contextos específicos de cada situação comunicativa, mais complexa se torna a aferição da competência linguística de um determinado falante.

No caso concreto das cinco nações africanas que têm a língua portuguesa como língua oficial, enquanto que nos casos de Cabo Verde, São Tomé e Príncipe e Guiné-Bissau ela convive intensa e sistematicamente com os crioulos falados pela maioria da população, em relação a Angola e Moçambique, essa convivência dá-se predominantemente com as línguas bantu, múltiplas e diversas na sua existência e afirmação. Esta circunstância ditou que durante séculos se processassem interpenetrações entre todas essas línguas e a língua portuguesa e que resultaram numa conformação específica desta última num sentido onde são notórias transformações em relação à norma continental europeia.

Se é verdade que essa mesma língua se vai instituindo como um valor comum entre os diferentes países que a têm como língua oficial e de ligação, incluindo, neste caso, Portugal, Brasil e Timor-Leste, é também verdade que essa identificação comum, como explica Amélia Mingas (2010:15), se vai definindo com as "impressões digitais" das várias matizes particulares e específicas de cada um desses povos, sendo que o seu enriquecimento será tanto maior quanto mais livres e criadores forem os impulsos dessas mesmas matizes.

Torna-se, pois, pouco defensável a posição de alguém como, por exemplo, Joseph Hanse (1996:374) que, em algum momento, sustentou que era inaceitável que uma mesma língua pudesse agregar literaturas diferentes. Significaria, portanto, a vingar a sua tese, que as literaturas africanas em língua portuguesa e a própria literatura brasileira, por usarem a língua portuguesa, deveriam fazer parte do sistema literário português, o que, como sabemos, o tempo e a prática já se encarregaram de contrariar de forma categórica e inequívoca.

Entretanto, analisando as interferências linguísticas no Português, sobretudo a sua variante oral, em São Tomé e Príncipe, Albertino Bragança entende que pelo fato de a língua portuguesa ser usada como língua segunda pela maioria dos falantes, à imagem do que globalmente acontece nos outros países em referência, a sua aquisição tanto pode resultar em enunciados corretos, como, pelo contrário, pode assumir construções desviantes relativamente às normas da língua-alvo (Bragança, 2010:23). Mais adiante, o mesmo autor sublinha o extraordinário papel desta variante do Português que, no convívio permanente dos crioulos e num jogo de cumplicidades do qual não se inibe o próprio Português normativo, concorre significativamente para deixar, de forma mais ou menos explícita, as marcas desta interação com a língua portuguesa, que sai, é certo, muito mais enriquecida, menos europeia...

Sintomaticamente serão estas interferências e estas dinâmicas do Português oral, feito de inventividade, transgressão e de desvios à norma, que irão alimentar poderosamente as literaturas produzidas nos países africanos de língua oficial portuguesa. Assim, as dinâmicas transformacionais que este idioma conhece, sobretudo nesses países, parecem desafiar as posições defendidas por linguistas reconhecidos como, por exemplo, Stephen Ullman (1987:46) para quem "a língua [se] move tão lentamente que por vezes quase parece estar imóvel".

Regressando à relação da língua com a literatura, tal como já tinha acontecido no Brasil, Carmen Tindó Secco (2010:29) dá-nos conta que esse uso desviante da norma, "como ato amoroso foi quase sempre a Literatura quem praticou, por meio de transgressões aos sentidos habituais do dizer". Ainda segundo esta estudiosa, é por isso que devemos a ela, em grande parte, a posse crítica e criativa de nosso idioma que saiu do Tejo e aportou no Brasil, incorporando, posteriormente, uma série de vocábulos, de regências, de sintaxes.

Por sua vez, analisando a coabitação linguística em Angola, Zavoni Ntondo (2010:209-210) enquadra-a numa dupla perspectiva: do diálogo e do conflito. Confrontando o período colonial e o pós-independência, Ntondo observa que enquanto as línguas africanas, no geral, se mantêm numa situação de indefinição quanto ao estatuto que deveriam assumir, quer em relação as suas funções quer em relação aos domínios da sua utilização, algumas dessas línguas veem a sua existência negada, e outras ainda conhecem a redução demográfica dos seus utilizadores. Por outro lado, os jovens, motivados pelo preconceito, vão desenvolvendo, segundo ele, uma atitude de rejeição e de distanciamento, em relação a essas mesmas línguas africanas. Esta é uma situação que concorre, na ótica do autor (p. 210), para a limitação e inviabilização de todos os esforços tendentes à reafirmação, desenvolvimento e promoção das línguas africanas, e com as mesmas as culturas em que elas funcionam.

No entanto, ainda segundo Ntondo,

> o balanço da interacção das línguas africanas com a língua portuguesa caracteriza-se pelas acções parciais de africanização da LP por um lado e de aportuguesamento das LA, por outro e, numa só palavra, pelas interferências quer recíproca (fonologia e léxico), quer unívoca (ortografia e morfossintaxe). Ao lado desta situação das interferências, ocorre uma outra na LP que contribui para a angolanização da mesma. Trata-se do fenómeno da polissemização das palavras existentes na LP que recebem novos significados.

Coincidentemente, ao analisar o processo de transferências das línguas moçambicanas para a língua portuguesa, Armindo Ngunga (2010:134) considera que uma das zonas onde essas transferências são mais acentuadas é a nível semântico, sem, contudo, deixar de reconhecer o peso dessas transferências no plano fonético, fonológico e sintático. Cruzando-se com esta percepção, encontramos Perpétua Gonçalves que considera que as

> línguas coloniais adoptadas como línguas de comunicação no processo de 'mudança da língua' sofrem modificações não tanto a nível do léxico, mas a nível da sua gramática em sentido mais restrito, isto é,

são sobretudo os traços fonéticos, morfológicos e sintáticos do seu sistema gramatical que são alterados. (1999:114)

Tentamos esboçar aqui um pequeno quadro, acreditamos que revelador, sobre as dinâmicas, particularidades e complexidades que, no geral, concorrem para avaliar a competência comunicativa dos africanos através da língua portuguesa e o aspecto determinante que se coloca da convivência deste idioma com os crioulos e com as línguas africanas dominantemente de matriz bantu. No essencial, tal convivência traduz um diálogo intercultural profundo em que as soluções comunicativas encontradas pelos falantes dos diferentes países não apagam as indefinições, as tensões, os conflitos, as ambiguidades e as irresoluções produzidas pela presença da língua portuguesa na África e que a literatura, de forma singular e em diferentes momentos, irá superiormente representar.

Contribuição das literaturas africanas no desenvolvimento da língua portuguesa

Olhando para aquilo que é, na generalidade, a produção literária nos países africanos de língua portuguesa, vemos sobressaírem duas situações, no mínimo, paradoxais: a primeira, tem a ver com o fato de a língua portuguesa, inicialmente um dos símbolos maiores de subjugação e de alienação cultural, se ter transformado num dos mais poderosos instrumentos de expressão de revolta, denúncia, combatividade política e ideológica, reivindicação identitária e cultural, e de instrumento crucial no processo de consciencialização dos africanos, de representação dos cotidianos, bem como de projeção da vida interior, das ansiedades e das expectativas individuais e coletivas.

É verdade que para muitos espíritos mais críticos e inconformados, caso do queniano Ngugi wa Thiong'o, com o seu célebre texto "Decolonizing the mind – the politics of language in African Literature" (1986), o processo emancipatório e a descolonização mental dos africanos jamais estará encerrado enquanto as línguas africanas não se substituírem às línguas ex-coloniais, muito particularmente enquanto línguas literárias.

Embora compreendamos a pertinência e a legitimidade desta posição, pensamos nós que tal como outros patrimônios materiais e imateriais que foram objeto de apropriação pelos antigos colonizados e transformados, depois, em patrimônios nacionais, a língua, seja ela a inglesa, a francesa ou a portuguesa, nas suas múltiplas, diversificadas e exuberantes variantes, sofreu interferências e transformações que lhe deram outra vida e uma configuração específica. Isto, sempre em função das necessidades comunicativas e expressivas dos seus utilizadores nos diferentes cantos do mundo.

Apesar de reconhecerem que uma das principais características da opressão imperial foi a língua, e que a língua

> *becomes the medium through which a hierarchical structure of power is perpetuated, and the medium through which conceptions of 'truth', 'order', and 'reality' become established.* (Ashcroft, Griffiths e Tiffin, 1989:7)

> torna-se o meio através do qual a estrutura hierárquica do poder é perpetuada, e o meio através do qual conceitos de verdade, ordem e realidade foram estabelecidos.

consideram que as periferias do mundo onde se desenvolveram as diferentes variantes das línguas de colonização,

> *have been the site of some of the most exciting and innovative literatures of the modern period and this has, at least in part, been the result of the energies uncovered by the political tension between the idea of a normative code and a variety of regional uses.* (p. 10)

> têm sido o lugar onde se encontram algumas das mais entusiasmantes e inovativas literaturas do período moderno e isso tem sido, pelo menos em parte, o resultado das energias reveladas pela tensão política entre a ideia de uma norma e a variedade dos usos regionais.

O segundo paradoxo prende-se com o fato de as literaturas africanas, enquanto expressão de uma cultura culta, inspirarem-se e alimentarem-se poderosamente da oralidade das camadas populares das sociedades africanas. Além de que as suas personagens mais predominantes e mais emblemáticas normalmente representam os estratos subalternos e mais desfavorecidos dessas mesmas sociedades.

E esse paradoxo está bem vincado no estudo já referido e realizado por Perpétua Gonçalves (1999:113), intitulado "Linguagem literária e linguagem corrente no Português de Moçambique", em que ela defende que "são as elites, por tratar-se de uma língua de prestígio e de poder, que vão concorrendo para o desenvolvimento da variante moçambicana do Português e para o seu distanciamento em relação ao Português europeu".

Se é verdade que esta percepção em termos de produção escrita é pouco questionável, uma perspectiva mais alargada remete-nos para o papel fundamental jogado pelos registros da oralidade produzidos pela maioria dos falantes, muitos deles com pouca ou nenhuma escolaridade, como o demonstram os exemplos trazidos por Gregório Firmino na sua obra A "Questão Linguística" na África pós-colonial. O caso do Português e das línguas autóctones em Moçambique (2005). Apesar de o universo de referência ser Moçambique, esta é uma situação, acreditamos, transversal aos restantes países africanos que, neste caso, têm a língua portuguesa como língua oficial.

Por outro lado, mesmo tendo em conta que, no geral, as transgressões que representam um desvio em relação ao português-padrão são intencionais, correspondendo a estratégias deliberadas dos autores na africanização dessa mesma norma, situações existem em que notadamente as interferências das línguas bantu ou dos crioulos concorrem para alterações gramaticais involuntárias. Deliberados ou não, os casos mais comuns são, por um lado, os da colocação dos pronomes clíticos e, por outro, os da concordância das formas de tratamento, como veremos mais adiante.

O distanciamento em relação ao Português europeu acaba curiosamente por funcionar, através da literatura, como fator de enriquecimento dessa mesma língua portuguesa, no geral. Isto é, as diferentes interferências, os empréstimos, os neologismos, as transgressões em relação à norma realizadas pelos falantes dos diferentes países que têm a língua portuguesa como língua oficial acabam por fazer dela um instrumento mais eficaz nas diferentes situações comunicativas, sejam elas formais, sejam elas informais. Temos, pois, em vista, a exploração no limite das potencialidades plásticas da língua, do ponto de vista semântico, fonológico e morfossintático, tanto em função dos circunstancialismos geográficos, históricos e socioculturais, como dos arremedos criativos e estéticos de cada autor.

Por outro lado, ao refletir sobre os impactos da literatura na língua portuguesa, importa não perder de vista os diferentes entendimentos que temos da própria literatura quer como imitação, quer como representação quer ainda e sobretudo como espaço criativo que viabiliza a presença de mundos possíveis. Isto é, mundos de lugares, tempos, seres e linguagens que devem a sua condição de existir mais à imaginação de quem os cria, do que à sua real existência. Daí que a contribuição das literaturas africanas no desenvolvimento da língua portuguesa passe necessariamente por considerar as múltiplas possibilidades expressivas e comunicativas que a criação literária proporciona aos falantes dessa mesma língua.

Também é preciso não esquecer que as línguas ex-coloniais não são sistemas fechados e estáticos e que elas comportam estruturas abertas que admitem, permanentemente, a entrada de novos elementos e novas realidades a serem transformados e adaptados ao contexto africano, acomodando-se às realidades socioculturais e políticas em mudança acelerada (Firmino, 2005:46).

Apresentamos, em seguida, alguns exemplos que podem servir de ilustração dos impulsos trazidos pelas literaturas africanas na evolução da língua portuguesa, sobretudo do ponto de vista semântico e morfossintático.

Do ponto de vista semântico e lexical

Mesmo tendo em conta a constatação de que as "línguas coloniais adoptadas como línguas de comunicação no processo de 'mudança da língua' sofrem modificações não tanto a nível do léxico, mas a nível da sua gramática em sentido mais restrito" (Gonçalves, 1999: 14), não deixam de ser substancialmente significativos os inúmeros exemplos, do ponto de vista lexical, trazidos pelas literaturas africanas. Isto é, quer em forma de empréstimos quer através de neologismos morfológicos e semânticos, caracterizados estes últimos, pelo recurso a vocábulos da língua portuguesa aos quais é atribuída nova significação, como sejam os casos, entre muitos outros, de pioneiros, continuadores, camarada, candongueiro, gasosa, chapa-cem, responsável, estrutura, calamidades, meu, minha, as donas, mais-velho, mantenhas, desmobilizado etc.

A interferência lexical, tanto na relação com as línguas bantu como com os crioulos, inscreve-se, na maior parte dos casos, nas estratégias deliberadas por parte dos autores africanos não só de nativizar a língua portuguesa, mas também de assegurar a demarcação de um determinado território cultural e identitário. Entre muitos outros, alguns exemplos:

a) Kalú recebe kumbú notas é bué... Baza na desconfiança (p. 51), Boaventura Cardoso, *O fogo da fala* (1980).

b) Viu na bicha, gente molwene como ele [...] Eh! Mufana... Pode comprar-me um bilhete? (p. 9); Já viu o "Homem de Ferro"? Yaah! [...] T'as velho, kokwana... (p. 18), Isaac Zitha, *Os Molwenes* (1988).

c) Conheci-o na maka que nos opôs em 57. Pepetela, *O cão e os caluandas*, p. 30.

d) É para ti da tabanca/ livre e esbelta/ De corpo e alma entregue à natureza/ Que eu canto este poema. Ytchiana.

O ato de nomeação de realidades próprias com recurso a palavras bantu ou crioulas, mais do que um atestado linguístico de originalidade, institui-se como um gesto de monumentalização de todo um universo simbólico e existencial. Um exemplo eloquente da nomeação como pronunciamento identitário e cultural é o poema "Hino à minha terra", de José Craveirinha.

Escrito em pleno contexto colonial, encontramos no poema uma sequência onomástica, cujos designativos, segundo o poeta, têm a ver com "nomes das coisas... que os negros inventaram". É assim que vemos alternar-se a toponímia local (Inhamússua, Mutamba, Massangulo!!! Chulamáti! Manhoca! Chinhambanine! Morrumbala, Namamponda, Namarroi etc.), com a antroponímia (Mahazul, Santaca, Nengué-ua-Suna), bem como com a nomeação altiva das diferentes línguas (ronga, macua, suaíli, changana, xítsua, bitonga), da fauna (chango, impala, xipene, egocero, inhacoso, sécuas, xidana-nkata, mamba), frutos (nhantsuma, mampsincha, mavúngua, manguavavas), acentuando não só a musicalidade do poema, mas também reinventando novas sonoridades e harmonizações entre a língua portuguesa e as falas locais, nessa "fraternidade das palavras" de que o poeta moçambicano nos falará num outro poema.

E essa fraternidade, expressão inelutável de hibridização linguística e cultural, instituída na escrita pelos falantes periféricos e subvertores conscientes da norma, permite que esta incorpore, na instituição de novas variedades, palavras que, num momento inicial, surgem como novidades e estranhas à paisagem morfológica canônica da língua portuguesa.

O empréstimo é, pois, o mecanismo através do qual, uma determinada unidade lexical entra numa língua outra, sofrendo ou não transformação, de modo a adaptar-se à estrutura da língua acolhedora. Nos casos em que essa unidade lexical mantém a sua integridade formal, diferentes autores apelidam essa integração de estrangeirismo. Segundo Irene Mendes (2010:146-147), num estudo intitulado "Da neologia ao dicionário: o caso do Português de Moçambique", a autora confirma, como já tínhamos adiantado com o exemplo de José Craveirinha, que muitos dos empréstimos feitos às línguas bantu e que mantêm a sua forma original têm a ver com rituais tradicionais, gastronomia, vestuário, línguas, etnias, danças, fato que se prende ou com a dificuldade, se não mesmo impossibilidade, de tradução ou, então, com motivações ligadas à afirmação identitária e cultural.

A literatura dos cinco países de língua oficial portuguesa vai legitimando o uso de vocábulos retirados das línguas bantu ou do crioulo como, por exemplo: jindungo, cachupa, morabeza, mussambê, calulu, mancarra, tchova-tchova, bula-bula, madala, khanimambo, dumba-nengue, mulungo e o aportuguesamento de palavras de origem bantu como quitandeira, tchovar, bazar, mukherista etc.

Fica aqui evidenciado que, do ponto de vista lexical, mais do que a integração de palavras com saber autóctone na língua portuguesa, a amplificação que aqui se verifica é sobretudo de base semântica e cultural, alargando as possibilidades expressivas e comunicativas dessa mesma língua.

Outro dos contributos aparentemente controversos, e que concorrem para o enriquecimento da língua portuguesa advêm curiosamente do uso de estrangeirismos, sejam eles anglicismos (machibombo, faine, nice, maningue, business, boss, dina, jeep, xitimela, cowboyadas, compound, brother) ou galicismos (écran) ou, então, no caso específico de Moçambique, de orientalismos (salam, karateca, badgia, chamuça).

O investimento estilístico patenteado de forma exuberante e diversificada pelas literaturas africanas é não só um vigoroso refrescamento da língua portuguesa, como um inesgotável manancial com efeitos estéticos e expressivos de valia indesmentível. No caso específico da comparação e da metáfora, vemos estes recursos retóricos ganharem outras reverberações imagéticas e significativas, dado que um dos termos de comparação acaba por estar inegavelmente ligado a um determinado contexto geográfico, histórico, filosófico e sociocultural. Vejam-se os exemplos que se seguem:

a) Um poema com seiva nascendo no coração da ORIGEM/ Um poema com batuque e tchabéta e badias de Santa Catarina/ Um poema com saracoteio d'ancas e gargalhadas de marfim! (Onésimo Silveira: metáfora).

b) Na curvatura/ do tambor/ onde expias o desespero/ fizeram do teu corpo sepultura do medo (Tony Tcheka: metáfora).

c) Uma criança me trouxe,/ com as mãos vazias, a ternura verde/ nas vértebras, uma carta de renascimento. (João Maimona, *No útero da noite*, 52: metáfora).

d) E nas roças ficaram pegadas vivas/ como cicatrizes – cada cafeeiro respira agora um/ escravo morto. (Conceição Lima, p. 40: animismo).

Do ponto de vista morfossintático

Onde a interferência linguística se manifesta também de forma particularmente intensa e profunda é a nível morfossintático. Tanto as alterações involuntárias presentes nos diferentes textos, como os exercícios deliberados, por mimetismo e por recriação – e que têm em Luandino e

Mia Couto dois expoentes da reinvenção linguística que raia a obsessão –, o que o conjunto das literaturas africanas nos oferece são representações das motivações socioculturais que caracterizam as transformações da língua portuguesa no continente africano.

Os casos mais recorrentes prendem-se com a regência dos verbos, o uso de artigos, as construções subordinativas, a pronominalização e a concordância das formas de tratamento. Se nas línguas bantu, por exemplo, os pronomes clíticos ou os seus equivalentes surgem normalmente antes das formas verbais, a diferenciação verbal nas formas de tratamento é pouco marcada, ou quase inexistente, tal como em relação ao gênero. Por outro lado, são praticamente inexistentes os elementos prepositivos de lugar, mantendo-se inalterados as formas correspondentes aos locativos, isto é, só o verbo indica o lugar onde se está, para onde se vai e de onde se parte.

Vejamos, pois, alguns exemplos de que é fértil o nosso cotidiano e que a literatura superiormente capturou, concorrendo para os efeitos estéticos e expressivos por demais conhecidos:

a) Seu Silva Costa/ chegou na ilha:/ calcinha no fiozinho/ dois moeda de ilusão/ e vontade de voltar. (Francisco José Tenreiro, "Romance de seu Silva Costa").

b) Você pensa eu não te conheço, Bina? Pensas?; Calem-se a boca, meninos. Estão a rir de quê então? É a galinha, está falar conversa dela!; Ninguém que respondeu... (Luandino Vieira, "Estória da galinha e do ovo").

c) Chegou na varanda [...] Era só pra pedir no Beto lápis de cor [...] Telefonem na polícia; foram a correr nas aulas, (Manuel Rui, *Quem me dera ser onda*, p. 8, 17, 19).

d) ...questão é ter milho e ter vapor... Dondê milho, dondê vapor? (Gabriel Mariano, "Caduca", p. 88).

e) Guiava-te com certeza a luz da tua sina. E veja que esse pastor, que te olhava como um gajo que nasceu no meio das cabras... (Suleiman Cassamo, *Palestra para um morto*, p. 21).

Sintomaticamente, a transgressão da norma acaba por ser marcada por mecanismos compensatórios instituídos na própria variante por simplificação e uniformização das formas prepositivas, pelo recurso à redundância, ou a conectores. Por outro lado, é notório, em muitas obras, sobretudo na ficção, o distanciamento do nível de língua do narrador em relação ao das personagens, dominantemente representados por seres de condição humilde ou marginal, quase sempre de baixa ou nenhuma escolaridade.

Mas é sobretudo entre essa massa majoritária e difusa de falantes onde a literatura africana encontra o seu espaço de inspiração, bem como o alimento para a língua literária que a constituirá. Se, no passado, a consciência da norma está mais ou menos evidenciada e assumida pela maioria dos poetas e escritores, na atualidade, em que paradoxalmente a variante da língua portuguesa surge como língua materna para muitos jovens dos núcleos urbanos das cidades africanas, cada vez mais, a norma continental se torna distante quando não mesmo residual.

Este fato concorre fortemente para que, cada vez mais, a variante se afirme, em termos fonológicos, semânticos e morfossintáticos como a referência linguística-padrão. Afinal, a tendência é, cada vez mais, esses jovens aspirantes a escritores escreverem tal como falam. Trata-se, pois, de uma circunstância por si só reveladora da vitalidade dessa língua, demonstrando que ela é intensamente usada e reinventada e que responde aceleradamente às necessidades comunicativas e expressivas dos seus falantes.

Por outro lado, é como se se desfizesse a dicotomia e a tensão estrutural entre a voz e a letra, entre a fala e a escrita. Razões bastantes para afirmarmos que as pátrias, múltiplas e diversas, também se vão fazendo nas variantes da língua portuguesa que vão sendo construídas, faladas e praticadas nas diferentes latitudes africanas.

Daí que estejamos de acordo com a constatação de Firmino (2005:125) de que as línguas ex-coloniais têm sido integradas no contexto sociolinguístico prevalecente nas sociedades africanas, de tal modo que já se tornaram recursos linguísticos naturais, o que demonstra que elas estão a sofrer transformações que conduzem à sua nativização, tornando-se componentes legítimas da vida nacional.

Conclusão

Na abordagem que aqui realizamos, procuramos analisar como as literaturas africanas têm contribuído para o desenvolvimento da língua portuguesa propiciado por contatos seculares. Vimos que elas simbolizam o processo de apropriação, amplificação e reconfiguração da língua portuguesa, através de permanentes jogos transgressivos, inspirados nas dinâmicas da oralidade.

Apesar, ou por isso mesmo, do fraco domínio linguístico entre a maioria dos falantes, a necessidades comunicativas aliadas à criatividade e imaginação popular, por um lado, e o contexto geográfico e sociocultural, por outro, essa mesma língua foi sendo matizada através de variantes concretas marcadas pela interferência das línguas bantu e dos crioulos, em que o distanciamento em relação à norma, mais do que significar o seu empobrecimento significou a ampliação das suas possibilidades comunicativas e expressivas.

A literatura, enquanto espaço de representação e de criação, institui-se como palco privilegiado não única e propriamente de exóticos exercícios miméticos, mas de exploração das possibilidades ilimitadas da língua portuguesa sobretudo do ponto de vista semântico, fonológico e morfossintático.

Possibilidades que traduzem uma flexibilidade que, ou permite a integração de vocábulos de matriz bantu, ou o seu aportuguesamento, ou ainda, o alargamento semântico de palavras já existentes, em contextos determinados. Por outro lado, o investimento estilístico que atravessa os registros poéticos, descritivos e narrativos, alarga indefinidamente a plasticidade da língua e os seus impactos estéticos e comunicativos.

Finalmente, se a tudo isso associarmos as transfigurações morfossintáticas, voluntárias e involuntárias, reconhecíveis na maior parte dos textos, mais vasto e diverso é o enriquecimento da língua portuguesa protagonizado pelas suas variantes no continente africano. A literatura mais não faz do que sublinhar as potencialidades da língua que, sem perder a sua unidade na diversidade, se institui, cada vez mais, como um dos maiores instrumentos de afirmação estética, social, cultural e cívica.

Referências

AMUTA, Chidi. *The theory of African Literature*. Londres: Zed Books Ltd., 1989.

ASHCROFT, Bill; GRIFFITHS, Gareth; TIFFIN, Helen. *The empire writes back. Theory and practice in post-colonial literatures*. Londres e Nova York: Routledge, 1989.

BRAGANÇA, Albertino. "Interferências linguísticas no Português em São Tomé e Príncipe". IILP/AULP. Interpenetração da Língua e Culturas de/em Língua Portuguesa na CPLP. Mindelo, 2010. (p. 21-25).

CARDOSO, Boaventura. *O fogo da fala*. Lisboa: Edições 70, 1980.

CASSAMO, Suleiman. *O regresso do morto*. Maputo: Associação dos Escritores Moçambicanos (AEMO), 1989.

CHOMSKY, Noam. Aspects of theory of the syntaxe. Cambridge: The M.I.T. Press, 1965.

FIRMINO, Gregório. A "Questão Linguística" na África pós-colonial. O caso do Português e das línguas autóctones em Moçambique. Maputo: Texto Editores, 2005.

HANSE, Joseph. "Langue Littéraire et Appertenance Nationale". In: François Jost [red], Actes du IV Congrès de l'Association Internationale de Littérature Comparé. Friburg-1964 Paris/Le Hague: Mouton et Ce, 1996. p 369-374.

GONÇALVES, Perpétua. "Linguagem literária e linguagem corrente no Português de Moçambique". Estudos Portugueses e Africanos. 1-2. semestres de 1999, n. 33-34. Campinas: Universidade Estadual de Campinas (Unicamp), 1999. (p. 113-121)

HISMANOGLU, Murat. "Teaching English through Literature". Journal of Language and Linguistic Studies. v. 1, n. 1, April 2005.

LIMA, Conceição. O útero da casa. Lisboa: Caminho, 2004.

MAIMONA, João. No útero da noite. Luanda: Ndzila, 2001.

MARIANO, Gabriel. Vida e obra de João Cabafume. Lisboa: Via, 1976; Vega, 2001.

MENDES, Irene. Da neologia ao dicionário: O caso do Português de Moçambique. Maputo: Texto Editores, 2010.

MINGAS, Amélia. "Discurso de abertura do Simpósio". IILP/AULP. Interpenetração da Língua e Culturas de/em Língua Portuguesa na CPLP. Mindelo, 2010. (p. 12-15)

NGUGI WA THIONG'O. "Decolonizing the mind, the politics of language in African Literature". Nairobi: East African Educational Publishers Ltd./ Londres: James Currey Ltd., 1986.

NTONDO, Zavoni. "A coabitação linguística em Angola: diálogo vs conflito". IILP/AULP. Interpenetração da Língua e Culturas de/em Língua Portuguesa na CPLP. Mindelo, 2010. (p. 207-219).

NUNGA, Armindo. "A problemática de interferências de línguas moçambicanas na língua portuguesa", IILP/AULP. Interpenetração da Língua e Culturas de/em Língua Portuguesa na CPLP. Mindelo, 2010. (p. 117-136)

PEPETELA. O cão e os caluandas. 2. ed. Lisboa: Publicações Dom Quixote, 1993.

RUI, Manuel. Quem me dera ser onda. Lisboa: Caminho, 2007.

SAPIR, Edward. Language: An introduction to the study of speech. Nova York: Harcourt, Brace, 1921; Bartleby.com, 2000. www.bartleby.com/186/. [Date of Printout].

SECCO, Carmen Tindó. "A literatura brasileira e a paixão pela Língua Portuguesa". IILP/AULP. Interpenetração da Língua e Culturas de/em Língua

Portuguesa na CPLP. Mindelo, 2010. (p. 27-43).

SILVA, V. M. de Aguiar e. *Competência linguística e competência literária*. Coimbra: Almedina, 1977.

SILVEIRA, Onésimo. "Um poema diferente". In: SECCO, Carmen Tindó. *Antologia do mar na poesia de Língua Portuguesa do século XX – Cabo Verde*. v. II. Rio de Janeiro: Universidade Federal do Rio de Janeiro (UFRJ), 1999. (p. 73-74)

UNESCO. Relatório Anual da UNESCO de 2014. http://www.rtp.pt/noticias/mundo/cerca-de-250-milhoes-de-criancas-nao-estao-a-aprender-a-ler_n713010

TCHEKA, Tony. "E não te chamas Cristo". In: GOMES, Aldónio; CAVACAS, Fernanda. *A literatura na Guiné-Bissau*. MEC-Portugal, 1997. (p. 155)

TENREIRO, Francisco José. "Romance de seu Silva Costa". In: FERREIRA, Manuel. *No reino de Caliban II*. Lisboa: Plátano Editora, 1997. (p. 435-436)

ULLMAN, Stephen. *Semântica. Uma introdução à ciência do significado*. 5. ed., Lisboa: Fund. Calouste Gulbenkian, 1987.

VIEIRA, Luandino. *Luuanda*. Lisboa: Caminho, 2004.

ZITHA, Isaac. *Os Molwenes*. Maputo: Associação dos Escritores Moçambicanos (AEMO), 1988.

Uns e outros:
imaginário, identidade e alteridade na literatura moçambicana[12]

A Michel Laban, *in memoriam*

Introdução

Existe uma dimensão incontornável quando se analisa os sujeitos e os produtos resultantes da colonização europeia na África: a questão identitária é, em grande parte dos casos, um fenômeno de alteridade. Isto é, é-se um ao mesmo tempo que se é outro. É-se igual ao mesmo tempo que se é diferente. Ou ainda, só se consegue efetivamente ser-se o mesmo, quando se consegue ser outro, mesmo que de forma nem sempre consciente.

Com uma multissecular história de chegadas de povos de outras latitudes: bantus (séc. IV); árabes (séc. VIII); portugueses (séc. XV); indianos (séc. XVII); chineses e outros europeus (séc. XIX), Moçambique foi-se instituindo como um imenso território aglutinador de diferenças e de intersecções culturais, raciais, étnicas, religiosas e linguísticas.

Se a essa circunstância histórica associarmos o elemento geográfico, a trama relativa a todos esses cruzamentos torna-se ainda mais complexa. Enquanto que o litoral virado para o Oriente cobre uma extensão de cerca de 2700 km, banhada pelo Oceano Índico, o interior do território,

---

[12] Comunicação apresentada no Colóquio "Autres Marges: la vitalité des espaces de langue portugaise". Paris, Centre Calouste Gulbenkian, 9-10 Mar. 2015.

a Oeste, estabelece fronteiras com seis países, todos eles antigas colônias britânicas: Tanzânia, Zâmbia, Maláui, Zimbábue, África do Sul e Suazilândia, fato que tem implicações significativas sobretudo do ponto de vista cultural e linguístico.

O cotidiano dos moçambicanos é seguramente uma experiência estimulante no que concerne à celebração, voluntária e involuntária, de toda esta confluência de culturas e imaginários que tendo se construído ao longo de vários séculos, adquire hoje contornos desafiadores e desconcertantes em termos de manifestação e compreensão desse fenômeno intercultural dado o impulso acelerado da globalização.

Mas é a nível da arte, da literatura, em particular que a intersecção de todos estes imaginários faz deste território, uma genuína "zona de contato", na instrutiva expressão de Mary-Louise Pratt (1991).

É, pois, no rastreio das representações inscritas em textos produzidos por autores de diferentes gerações da literatura moçambicana onde procuraremos refletir na forma como as intersecções culturais a que fizemos referência geraram configurações em que identidade e alteridade se instituem como fundamentos de modos particulares de existir e de perceber o mundo. Sobretudo, a própria literatura, onde o exercício de ser um e outro se impõe como condição paradigmática, mas também problemática.

Entre a Europa e a América: a literatura, o cinema, a música e o esporte

Com cerca de um século de existência e atendendo ao contexto histórico e político em que se inicia o seu percurso, as literaturas africanas vão traduzir, enquanto fenômeno de escrita, uma profunda complexidade do ponto de vista da sua configuração estética, temática, ideológica e cultural por se instituírem como espaço de cruzamentos plurais e diversificados.

Numa entrevista dada a Michel Laban, autor de um conjunto de três volumes intitulado *Moçambique Encontro com Escritores*, e que nos irá guiar ao longo desta reflexão, José Craveirinha confirma que prevalecia, no seu tempo, numa dinâmica que atravessa também outros tempos, um jogo simultâneo de conflitos e harmonia e que decorria da constituição das paisagens de identidade e de alteridade cultural. A dado passo, o poeta confessa: "eu muito novo folheei Victor Hugo, li Zola, Eça de Queirós, o Garrett [...] Antero e Guerra Junqueiro [...] E Camões, o meu pai dizia Camões todo!" (Laban, 1998:49), para, mais adiante, acrescentar:

Mas antes do Cansado Gonsalves [cidadão português] [...] a pessoa que nos marcou bastante, a mim e à Noémia, [...] é o Cassiano Caldas [também cidadão português]. É um sujeito que estava aí e que nos deu uma consciência política e livros já com uma temática, daquela fase neo-realista portuguesa [...] Depois aparece aquela avalanche dos brasileiros: [...] Jorge Amado, o Graciliano Ramos, a Rachel de Queiroz..." (1998:83)

Contemporânea de Craveirinha, Noémia de Sousa revela-nos igualmente a forte influência tanto da literatura europeia como da brasileira: "Eu e meu irmão líamos aquelas coisas todas [Oliveira Martins, Eça de Queirós, Balzac, Jorge Amado, escritores neo-realistas, Drummond] que tiveram muita influência nos interesses que eu tive depois." (Laban, 1998:245).

Em relação a Rui Knopfli, da mesma geração, aliás aquela que estaria na origem da literatura moçambicana como sistema, encontramos na sua formação estética e cultural bem vincadas as múltiplas e diversificadas interferências provindas tanto das suas vivências africanas como de leituras formativas desde Camões e Sá de Miranda, passando por Fernando Pessoa, José Régio, Jorge de Sena e Miguel Torga e desembocando em Herberto Hélder. No poema "Contrição", uma blague ao mesmo tempo divertida e corrosiva, Knopfli oferece-nos o vasto caleidoscópio de que é feito o seu universo literário e cultural:

> Felizmente, é pouco lido o detractor de meus versos,
> senão saberia que também furto em Vinícius,
> Eliot, Robert Lowell, Wilfred Owen
> e Dylan Thomas. No grego Kavafi,
> no chinês Po-Chu-I, no turco
> Pir Sultan Abdal, no alemão
> Gunter Eich, no russo André Vozenesensky
> e numa boa mancheia de franceses. (p. 211)

Reconhecemos, aqui, num misto de irreverência e provocação, uma alegórica representação das confluências constituintes desta emergente, mas efervescente, cultura literária. Antes, nas décadas de 20 e 30, nomes como João Albasini e Rui de Noronha tinham já refletido alguns dos sedimentos culturais e estéticos que caracterizarão o perfil das elites em Moçambique, oscilante entre diferentes imaginários.

Segundo Gilbert Durand (1963), o imaginário é *"cette spontanéité spirituelle et cette expression créatrice"* (p. 464), e que se institui como um *"dynamisme organisateur, et ce dynamisme organisateur est facteur d'homogénéité dans la représentation"* (p. 20). A partir desta colocação, conseguimos perceber melhor e identificar as características e as tendências que subjazem a produção literária das elites acima referidas.

Confrontamo-nos, assim, quer com um imaginário privado quer com um imaginário coletivo que resulta das convergências que neste último se reconhecem.

Reveladores de não estarem circunscritos apenas aos universos literários, as referências culturais que alimentarão as elites africanas, em geral, e os escritores moçambicanos, em particular, decorrem também de relações que foram sendo estabelecidas com a música, sobretudo o jazz e o blues, o cinema, a pintura e o esporte, recorrentemente tendo em conta o eixo Europa-América.

É assim, por exemplo, que, em determinado momento da entrevista a Michel Laban, José Craveirinha concede que:

> O que acontecia na América, em relação aos negros tocava-nos muito. E mesmo os seus valores – não só os valores desportivos como os valores culturais –, a Marian Anderson, a Billie Holiday, tocavam-nos bastante. Até no livro da Maria eu aproveito para falar nos blues. Dizia-nos muito o drama do negro americano, dizia-nos bastante. (p. 89)

Testemunho desta identificação são poemas emblemáticos como "Deixa passar o meu povo", "Samba", "A Billie Holiday, cantora", ou "Poema a Jorge Amado", de Noémia de Sousa, e "Estátua da Liberdade", "Rumbas de Violas no Comoreano", "Joe Louis nosso campeão", de José Craveirinha.

Será, porém, em Rui Knopfli onde além da já referida presença da Europa, a América, sobretudo anglo-saxônica, adquire contornos quase obsessivos. Tal é pois o caso da música, sobretudo o jazz: Miles Davis, Thelonius Monk ("Você compreende Thelonius Monk?", p. 251); e do cinema: "Agora, como estão velhos e gastos/ os cowboys da nossa infância!" (Lee Marvin); "Dinossauro aprumado, exemplar derradeiro/ de uma extirpe de machos já extinta". (p. 326.)

Com as soberbas e marcantes presenças de Gabriel García Márquez, Mario Vargas Llosa, Juan Rulfo, a América, sobretudo a América Latina, acabará por marcar profundamente o imaginário literário dos autores pós-Independência, sobretudo da geração *Charrua*, nas décadas de 80 e 90, onde se destacam, nesse particular, Ungulani Ba Ka Khosa e Suleiman Cassamo.

Assim, enquanto o primeiro admite, no conjunto de entrevistas reunidas por Laban, que:

> Os meus textos, nessa altura, eram muito mais transparentes. Mas depois, aparecem-me à frente os Cem Anos de Solidão! [...] E entro no mundo do realismo mágico e começo a encontrar alguma ponte em relação a toda a realidade minha, africana – que também é um mundo mágico. [...] Começo a ler o Garcia Márquez, depois vou para o Cortázar, encontro o Borges... [...] Andei muito pela América do Sul e do Norte... (p. 1055)

Por sua vez, Cassamo considera o contato com os latino-americanos e com a literatura universal contemporânea profundamente decisivos na definição do seu perfil literário, particularmente na conjugação com a "reivindicação das raízes, o barro da terra, o sabor da terra" (p. 1139). A confirmá-lo, duas das suas obras mais emblemáticas, *O regresso do morto* (1989) e *Palestra para um morto* (1999) são demonstrativas dessa conjugação, onde reconhecemos, com sinais ineludíveis, a interferência de uma obra como *Pedro Páramo*, do mexicano Juan Rulfo, e que tem como pano de fundo precisamente o tema da morte, com todo o seu estendal de inquietações fantasmagóricas e existenciais.

A presença significativa destas referências e destes símbolos nesta constelação de imaginários, além de ter concorrido decisivamente para a dimensão cosmopolita da cultura culta em Moçambique, marcou profundamente a reflexão sobre a questão identitária dominantemente colocada no eixo norte-sul, isto é, Europa/América vs. África.

O poder da matriz local

Será, porém, no resgate da África de expressão local, na clivagem ora harmoniosa ora conflitante com o Ocidente, que se sobrepõe um dos aspectos mais marcantes da mundividência africana, em geral, e moçambicana, em particular, em termos linguísticos, socioculturais, raciais, religiosos e étnicos. E todos esses elementos configuradores de uma matriz local funcionarão para grande parte destes autores como o seu verdadeiro substrato cultural.

De que matriz local estamos falando se tivermos em conta que se trata de um domínio multilíngue, multiétnico, multirracial e multicultural?

A questão linguística é seguramente uma das dimensões mais problemáticas, mais perversas, mas ao mesmo tempo mais desafiadoras, resultantes da presença colonial europeia na África. A atestá-lo temos, por exemplo, esta assunção de Luís Bernardo Honwana:

> Mas eu sou uma pessoa bilingue, tenho esta questão complicada comigo: eu falo ronga e falo português. Tenho a pretensão de poder explorar os limites da expressividade e de elaboração mental quer de uma língua quer de outra. (1998:673)

E acrescenta, mais adiante, na defesa exclusiva da língua nativa:

> Ora, na minha experiência, quando as coisas se passam em ronga, por exemplo, eu tenho ouvido, na vida corrente, coisas de uma profundidade, de um grau de elaboração fantástico. (p. 674)

Esta consciência da riqueza comunicativa, expressiva e identitária das línguas nativas, levou a que alguns dos autores mais representativos da literatura moçambicana, à imagem de outros autores africanos, inscrevessem na sua escrita, normalmente veiculada em língua portuguesa, registros significativos dessas línguas, sobretudo da língua ronga. Nos casos em que essa inscrição não é manifesta, reconhecer-se-á na escrita de muitos destes autores as fortes interferências do substrato bantu, sobretudo do ponto de vista morfossintático.

No que se refere à importância e centralidade expressiva dada às línguas nativas na África, o caso mais emblemático é seguramente o do queniano Ngugi wa Thiong'o, com o seu célebre texto "Decolonizing the mind – the politics of language in African Literature" (1986), onde defende que a emancipação plena e a sua afirmação só estarão encerradas quando as línguas africanas se substituírem às línguas ex-coloniais. Fato que o levará a adotar o *gĩkũyũ*, sua língua materna, como língua literária em detrimento da língua inglesa.

A língua, caso do Português, por transportar valores, referências, visões do mundo de cariz eurocêntrico, acaba por ser expressão da condição hegemônica de uma ordem determinada.

Regressando ao caso moçambicano, um dos casos mais destacados é o de José Craveirinha que, na entrevista a Laban, declara, a dado passo: "eu dominava o ronga e depois houve aquele corte. Hoje tenho dificuldades para me exprimir mas percebo quase tudo. Perceber, percebo perfeitamente. Falo o essencial." (p. 61)

Por seu lado, em relação a esta mesma questão, Noémia de Sousa concede o seguinte: "eu posso dizer que o português foi a minha língua paterna e não a minha língua materna, porque a minha mãe falava português, mas falava melhor ronga, e connosco ela tanto falava uma língua como a outra". (p. 270)

O corte a que Craveirinha se refere tem a ver com os traços idiossincrásicos da colonização portuguesa na África, particularmente em Moçambique, onde a imposição das políticas de assimilação obrigou muitos africanos a abdicarem das suas origens, línguas e costumes, fato ligado ao processo aculturativo quase sempre forçado e que acabou por estar na gênese de conflitos, ambiguidades, tensões e contradições que se tornaram na imagem de marca das elites letradas africanas.

Daí que o recurso ao ronga, no caso concreto de Craveirinha, funcionará como uma enunciação com múltiplos significados e implicações: inconformismo, revolta, denúncia, reivindicação, mas sobretudo legitimação de um determinado território cultural e identitário. Avançando uma leitura da correlação de forças, no contexto colonial, do ponto de vista linguístico, entendemos que se o português, enquanto língua oficial, se impunha como língua de poder, as manifestações linguísticas de origem bantu emergiam como contrapoder.

O ato de nomeação de realidades próprias com recurso a palavras ronga, mais do que um exercício de exotismo linguístico, institui-se como um gesto de celebração de todo um universo simbólico e existencial, do imaginário como patrimônio coletivo. É, nesta perspectiva que Cornelius Castoriadis (2000:156) questiona: "Por que é no imaginário que uma sociedade deve procurar o complemento necessário para a sua ordem?" Como resposta à sua própria questão, conclui que é no próprio imaginário onde se encontra um fator autonomizado da vida social.

Expressão superior da nomeação como pronunciamento identitário, cultural e coletivo é inequivocamente o poema "Hino à minha terra", de José Craveirinha.

Escrito no auge da presença colonial portuguesa, encontramos no poema uma sequência onomástica, cujos designativos, segundo o poeta, têm a ver com "nomes das coisas... que os negros inventaram". É assim que vemos alternar-se a toponímia local (Inhamússua, Mutamba, Massangulo!!! Chulamáti! Manhoca! Chinhambanine! Morrumbala, Namamponda, Namarroi etc.), com a antroponímia (Mahazul, Santaca, Nengué-ua-Suna), bem como com a nomeação altiva das diferentes línguas (ronga, macua, suaíli, changana, xítsua, bitonga), da fauna (chango, impala, xipene, egocero, inhacoso, sécuas, xidana-nkata, mamba), frutos (nhantsuma, mampsincha, mavúngua, manguavavas), acentuando não só a musicalidade do poema, mas também reinventando novas sonoridades e harmonizações entre a língua portuguesa e as falas locais, nessa "fraternidade das palavras" de que o poeta moçambicano nos falará num outro poema.

É, aliás, através das línguas nacionais onde é resgatado um dos grandes filões patrimoniais da cultura africana: a oralidade, que será transversal em grande parte da literatura moçambicana, em particular, e africana, em geral. Será, pois, na representação das diferentes dimensões da oralidade (privada, colectiva, rural, urbana e suburbana), onde vemos cruzarem-se algumas das mais afirmadas estratégias de deliberada territorialização cultural e identitária.

Tais são, entre outros, os casos de Ungulani Ba Ka Khosa, Aldino Muianga, Paulina Chiziane ou Suleiman Cassamo que, através da ficção, tanto projetam realidades onde o apelo às origens, às tradições e à ancestralidade é manifesto, como, por outro lado, denunciam e exploram as dinâmicas interculturais que têm como resultados os hibridismos culturais e as complexidades identitárias das realidades pós-coloniais.

E esse apelo às origens, antropológicas e históricas, tem-se caracterizado por ser dominantemente telúrico, de tal modo que uma componente fundamental na constituição policromática do imaginário cultural e identitário moçambicano acaba por ser obscurecida: referimo-nos ao mar. E por quê? Porque esse mesmo mar, mesmo quando tão essencialmente presente em termos físicos, geográficos, históricos, socioeconômicos e culturais, surgir-nos como uma inquietante e assombrosa ausência.

Mais desconcertante ainda quando percebemos que dos diferentes povos (bantus, árabes, portugueses, indianos, chineses) que ao longo dos séculos concorreram para a arquitetura sociocultural de um país verdadeiramente anfíbio, apenas os bantus vieram do interior, portanto por via terrestre. Daí que essa mesma matriz se imponha naturalmente, a diversos níveis, concorrendo ou para uma imagem monolítica da cultura moçambicana, ignorando as suas pluralidades e diversidades, ou para uma espécie de hierarquização étnica, em que a condição bantu é fator de distinção e de singularização, quando não de afirmação de uma originalidade identitária.

A desconfiança e a reserva em relação ao mar, no imaginário coletivo, advirão certamente, entre outros fatores, de um trauma histórico, que decorre do fato de ter sido do mar onde chegaram os colonizadores e ter sido através do mar, onde centenas e centenas de milhares de africanos foram levados como escravos, numa viagem sem regresso. Mesmo assim, as marcas identitárias e culturais desenhadas pelos movimentos incessantes do Oceano Índico são incontornáveis.

O Oceano Índico: outros orientais

Regressando ao depoimento de Noémia, encontramos esta passagem elucidativa:

> E eu vejo pela minha família... Como lhe digo, se se fizesse a história dela, dava-se um bocado, não digo a evolução de todas as raças, mas da sociedade mestiça porque há mistura de tudo, de negro com chinês, negro com indiano, negro com isto, negro com aquilo... (Laban, p. 280)

Numa referência à cidade colonial, a então Lourenço Marques, Noémia procura descrever a enorme estratificação étnica e racial que a caracterizava, e em que o elemento oriental está fortemente presente:

> ...aquilo era uma cidade absolutamente cosmopolita, havia de tudo. Havia italianos, havia gregos, havia chineses, havia indianos, havia persas. (...) Havia mauricianos..., havia gentes das Comores, chamávamos-lhes comoreanos (...) havia praticamente de tudo, havia malgaches... (p. 320)

E será precisamente Noémia de Sousa quem não só assume literariamente toda esta diversidade, mas também, e de forma discreta a presença do mar, mais precisamente do Oceano Índico. Em um dos seus textos mais emblemáticos, "Poema da infância distante", e onde a presença do mar é intensa, encontramos logo a abrir: "Quando eu nasci na grande casa à beira-mar,/ era meio-dia e o sol brilhava sobre o Índico." E, na sequência, surgem-nos as imagens relacionadas com o mar como: "embora o cenário brilhante e marítimo da minha infância" ou "Meus companheiros de pescaria/ por debaixo da ponte".

Mas a percepção de um imaginário de pluralidades e diversidades é-nos dada pela eloquência da seguinte imagem: "Figuras inesquecíveis da minha infância arrapazada,/ solta e feliz:/ meninos negros e mulatos, brancos e indianos".

Estamos aqui perante uma totalidade assente na diversidade de culturas que, além de partilharem o mesmo espaço e instituições comuns, encontram na língua, sobretudo a língua portuguesa, um dos elementos unificadores mais significativos.

Esta é uma realidade que se parece contrapor ao que nos é exposto de forma penetrante, por Kwame Anthony Appiah num artigo intitulado

"Identity against Culture: Understandings of Multicultarism". Este afirma a dado passo:

> With differing cultures, we might expect misunderstandings arising out of ignorance of each others'values, practices and beliefs; we might even expect conflicts because of differing values or beliefs. The paradigms of difficulty in a society of many cultures are misunderstandings of a word or a gesture. (1994:10)
>
> Em culturas diferentes, pode-se esperar que mal-entendidos ocorram devido à ignorância sobre os valores, as práticas e as crenças do outro; pode-se, até mesmo, esperar que ocorram conflitos devido a valores ou crenças diversas. Os paradigmas de dificuldades em uma sociedade de muitas culturas são mal-entendidos por causa de uma palavra ou gesto.

Poetas contemporâneos de Noémia de Sousa, como Virgílio de Lemos, Rui Knopfli e Orlando Mendes irão inscrever parte da sua poesia na evocação do Oceano Índico, dando origem particularmente ao que poderemos denominar o ciclo da Ilha de Moçambique. Sintomaticamente, trata-se de poetas, cuja ascendência, de matriz europeia, colocava-os na encruzilhada identitária traduzida pela simbologia da Ilha. Isto é, o de serem uns, mas também serem outros.

No poema "A capela", de Rui Knopfli, retirado da emblemática obra *A Ilha de Próspero* (1972), à trilogia exposta corresponde uma arquitetura identitária e cultural com uma gênese singular:

> África ficou
> ao umbral das portas, no calor
> da praça; aqui principia
> a Europa. Porém, da parede
> lateral, sob um baldaquino hindu
> e num desvario de cores e santos hieráticos,
> salta o púlpito oitavado e é o Oriente
> que chega com seus monstros.
> (p. 359)

E a grande sedução que a ilha irá exercer sobre poetas de diferentes gerações decorre em grande parte da percepção de ela representar, tal como o demonstra Knopfli, a síntese do cruzamento dos três grandes eixos culturais e identitários que caracterizam a constelação de imaginários em

Moçambique. Tal é o caso, entre outros, de Luís Carlos Patraquim, ou de Adelino Timóteo com *Viagem à Grécia através da Ilha de Moçambique*. Mas a celebração do imaginário tecido pelo Índico encontrará uma alargada realização em poetas como Júlio Carrilho (*Dentro de mim outra Ilha, NónuMar*), Eduardo White (*Janela para Oriente*), Guita Jr. (*Aromas essenciais*), Sangare Okapi (*Mesmos barcos ou poemas de revisitação do corpo*). Nestes últimos, dando corpo a uma tendência da nova geração, o mar ou é um espaço de evasão ou lugar de afirmação/fragmentação identitária sob o signo do cosmopolitismo e da globalização. Estaríamos aqui perante o que Devleena Ghosh e Stephen Muecke definem como "geografia transnacional do imaginário" (2007).

Mia Couto com o romance *O outro pé da sereia*, e João Paulo Borges Coelho com os contos reunidos em *Índicos Indícios I Setentrião* e *Índicos Indícios II Meridião*, representam as incursões mais notórias no imaginário do mar através da prosa.

Regressando a Durand, e face ao conjunto de representações que os diferentes textos de diferentes momentos vão projetando, partilhamos com ele a convicção de que

> *c'est bien l'imaginaire qui apparaît comme le recours suprême de la conscience, comme le coeur vivant de l'âme dont les diastoles et les systoles constituent l'authenticité du cogito.* (1963:467)

> é de fato o imaginário que aparece como recurso supremo da consciência, como coração vivo da alma cujas diástoles e sístoles constituem a autenticidade do cogito.

Neste caso, associamos como fatores inextricáveis a sensibilidade e a imaginação criativa, concorrendo todos eles para a afirmação tanto da identidade como da alteridade. O imaginário implica, portanto, um pluralismo das imagens, e uma estrutura sistêmica do conjunto dessas imagens infinitamente heterogêneas. Na verdade, e uma vez mais, vincamos que em todo este universo cultural e estético é-se um ao mesmo tempo que se é outro.

Conclusão

Rastreamos diferentes textos e vozes que povoam o universo literário moçambicano e que nos permitiram visualizar e perceber, em diferentes perspectivas, algumas das veias identitárias mais significativas e emblemáticas que compõem ou potenciam o imaginário ou os imaginários que caracterizam um dos produtos mais singulares da colonização portuguesa na África.

Imaginários que se foram (e vão) construindo, de forma múltipla e diversa, quer numa linha diacrônica quer espacialmente, através de dinâmicas convergentes (identidade) e divergentes (alteridade).

Efeito da própria história colonial, essas dinâmicas acabam por não ser nem estanques nem excludentes, pois num mesmo sujeito vemos conviverem elementos múltiplos e diversificados instituidores de tensões, contradições e irresoluções estruturais e estruturantes.

Finalmente, mecanismos mais profundos intrínsecos à ideia de imaginário, segundo Durand o recurso supremo da consciência, revelam-nos as transições, reais e imaginadas, entre harmonia e conflito, ordem e instabilidade, desejo e superação e que, no espaço de intersecção das diferentes visões de mundo que reconhecemos no universo literário e cultural moçambicano, fazem de cada um necessariamente outro.

Referências

APPIAH, Kwame Anthony. "Identity against Culture: Understandings of Multiculturalism". In: *Occasional papers of the Dorteen B. Townsend Center for the Humanities*. n. 1. 12 set. 1994. (p. 1-34)

CARRILHO, Júlio. *NónuMar*. Maputo: Ndjira, 2001.

CASTORIADIS, Cornelius. *A instituição imaginária da sociedade*. 5. ed., São Paulo: Paz e Terra, 2000.

COELHO, João Paulo Borges. *Índicos Indícios I Setentrião* e *Índicos Indícios II Meridião*. Lisboa: Caminho, 2005.

COUTO, Mia. *O outro pé da sereia*. Lisboa: Caminho, 2006.

CRAVEIRINHA, José. *Xigubo*. Maputo: Instituto Nacional do Livro e do Disco (INLD), 1980.

DURAND, Gilbert. *Les structures anthropologiques de l'imaginaire: introduction à l'archétypologie générale*. Paris: PUF, 1963.

GHOSH, Devleena; MUECKE, Stephen (Edit.). *Cultures of trade: Indian Ocean exchanges*. New Castle Upon Tyne: Cambridge Scholars Publishing, 2007.

GUITA JÚNIOR, Francisco Xavier. *Os aromas essenciais*. Lisboa: Caminho, 2006.

KNOPFLI, Rui. *Memória Consentida 1959-1979 20 Anos de Poesia*. Lisboa: Imprensa Nacional-Casa da Moeda, 1982.

LABAN, Michel. *Moçambique. Encontro com Escritores. I, II, III*. Porto: Fundação Eng. António de Almeida, 1998.

NOA, Francisco. *O Oceano Índico e as rotas da transnacionalidade na poesia moçambicana*. Maputo: CESAB, 2012.

OKAPI, Sangare. *Mesmos barcos ou poemas de revisitação do corpo*. Maputo: Associação dos Escritores Moçambicanos (AEMO), 2007.

PRATT, Mary Louise. "Arts of the Contact Zone", 1991: http://www.jstor.org/stable/25595469.

SOUSA, Noémia de. *Sangue negro*. Maputo: Associação dos Escritores Moçambicanos (AEMO), 2001.

Noémia de Sousa:
a metafísica do grito[13]

Se há um adjetivo que, à partida, pode caracterizar a criação poética de Noémia de Sousa, esse adjetivo é: emocionada. Porém, com esta catalogação, corremos o risco de enclausurar a escrita desta poetisa, pioneira voz feminina das letras moçambicanas, numa etiqueta que, desde logo, se apresenta como uma marca desqualificadora. Isto, se tivermos em linha de conta toda uma prática poética e metapoética que instituiu e consagrou o lirismo da modernidade.

Entre outros, pensamos no *dandysme* flanante e mundano de Baudelaire, no desregramento das sensações em Rimbaud, na dissolução do sujeito e no intelectualismo em Mallarmé, no distanciamento dramático em T.S. Eliot, no fingimento poético em Fernando Pessoa, em suma, no vitalismo criador que fez da poesia moderna o espaço do incessante e implacável estilhaçamento e de negação da subjetividade.

Porém, tendo em conta o acento personalizado da poesia de Noémia, a pulsação vibrante da interioridade do sujeito poético e a glorificação da emoção, até que ponto a sua escrita não se institui como festiva e arrogante recusa de uma tradição cristalizada e disseminada no Ocidente?

Como que a confirmá-lo, aí temos todo um conjunto de recursos linguísticos (juntamente com a língua portuguesa, intersectam-se irreverentemente registros da língua ronga e inglesa), estilísticos (a prevalência

---

[13] Maputo, outubro 2000. Posfácio das edições moçambicanas de *Sangue negro*, de Noémia de Sousa: 2001 (AEMO – Associação dos Escritores Moçambicanos), e 2011 (Ed. Marimbique), revisto pelo autor Francisco Noa, em junho de 2016, para a Editora Kapulana.

da adjetivação, da anáfora, da aliteração, da parataxe, da exclamação) e temáticos (a revolta, a valorização racial e cultural, a infância, a esperança, a angústia, a injustiça) que nos fazem claramente perceber que, por detrás da voz enunciatória de cada um dos poemas de *Sangue negro*, se insinua a consciência de uma subjetividade dilacerada:

> Nossa voz gemendo, sacudindo sacas imundas
> nossa voz gorda de miséria,
> nossa voz arrastando grilhetas
> ("Nossa Voz", in NOSSA VOZ)

ou indignada: "Nós somos sombras para os vossos olhos, somos fantasmas" ("Passe"), inconformada:

> Queria derrubar meu jazigo de alvenaria
> Queria descer aos trilhos lamacentos,
> Queria sentir o aguilhão da mesma revolta,
> Queria sentir esse gosto indefinível de luta,
> Queria sofrer e gemer e lutar
> Para conquistar a Vida!
> ("Poema", in BIOGRAFIA)

Consciência que pode também ser nostálgica:

> Ah, meus companheiros me semearam esta insatisfação
> dia a dia mais insatisfeita.
> Eles me encheram a infância do sol que brilhou
> no dia em que nasci.
> ("Poema da infância distante", in BIOGRAFIA)

quando não, confiante: "Por isso eu CREIO que um dia / o sol voltará a brilhar, calmo, sobre o Índico.", etc.

Tal como a maior parte dos escritores africanos da sua época – como o serão, afinal, os das épocas subsequentes, conhecido e reconhecido que os períodos pós-independentistas, de estabelecimento das democracias e da mundialização do planeta continuam a exigir que cada vez mais as vozes dos escritores na África não emudeçam –, a voz poética de Noémia de Sousa transcende, em largos momentos, os limites egotistas, espaciais e temporais, instituindo-se, de certo modo, como uma voz de aspiração plural e universalista. Para Pires Laranjeira

(1995:499), trata-se da "ânsia de absoluto, a mística de fusão com o povo e o Continente".

Concorrem para tal aspiração, o recurso à apóstrofe afetiva ("E então, / tua voz, minha irmã americana, / veio do ar, do nada, nascida da própria escuridão...", em "A Billie Holiday, cantora"), ao sentimento coletivo ("E agora, sem desespero nem esperança, / seremos em breve fugitivas das ruas marinheiras da cidade...", em "Moças das Docas"), ao culto da utopia ("Poema para um Amor Futuro", "Se este Poema fosse"...), bem como aos mitos da liberdade, da igualdade, da fraternidade e do progresso.

Estamos, por conseguinte, perante o pendor assumidamente não-ensimesmado, não umbilicalista da escrita poética de Noémia que institui uma voluptuosa emotividade raciocinante e combativa. O sujeito parece emergir aí como efeito do seu confronto com o que lhe é exterior, desencadeando toda uma corrente de consciência responsável pelo tom declamatório e pelo virtuosismo apelativo desta poesia. A propósito, Ana Mafalda Leite (1998:107) considera que "toda a poesia da autora aspira a ser vocal, escapando assim ao exílio silencioso da escrita".

E as encenações dialógicas que aí se assistem, se é verdade que contribuem para a carnavalização da linguagem, segundo Bakhtine, por outro lado, concorrem, para uma subjetividade que se insinua, inconformada, e que atravessa e unifica estilística e estruturalmente os poemas de *Sangue negro*.

É, pois, na atmosfera ritualizante e celebratória do poema que a escrita de Noémia de Sousa, melódica e compassada, num ritmo por vezes inebriante, fustiga:

> Ó carrasco de olhos tortos
> de dentes afiados de antropófago
> e brutas mãos de orango
> ("Poema", in SANGUE NEGRO)

ou venera

> Ó minha Mãe África, ngoma pagã,
> escrava sensual,
> mítica, sortílega - perdoa!
> ("Sangue Negro", in SANGUE NEGRO)

Divindade maior desta cosmologia é a liberdade ansiada (e ensaiada) e o exercício da palavra como instrumento consciencializador e aguerrido.

E a expressão arrebatada se, por um lado, individualiza a expressão poética em Noémia, por outro, confere-lhe uma dimensão majestática e que faz do sujeito rapsodo das dores, dos anseios, da revolta, das resignações e dos mitos dos flagelados irmanados por um destino comum determinado pela ocupação colonial.

Enquanto expressão singular de negritude, a voz de Noémia não corresponde necessariamente à exaltação de um narcisismo gratuito de ser negro, mas trata-se da projeção do ser negro enquanto objeto da sujeição económica, política, cultural ou racial. E a história vai nos ensinando que as duas condições (a biológica e a instituída) se ligam de forma perversa e tautológica. Como diria Frantz Fanon, é-se negro porque se é dominado e é-se dominado porque se é negro.

Entretanto, traduzindo um claro cepticismo face às estratégias adoptadas pelo movimento da Negritude, a partir dos anos 30, Wole Soyinka defenderia que um *tigre não proclama a sua tigritude, mas ataca*. Isto é, o autor nigeriano interpretava essa atitude própria das franjas de africanos que, em contacto com a cultura e a civilização ocidentais, desenvolviam uma indisfarçável e sofrida crise de identidade. Este era um fato que, do seu ponto de vista, não parecia afetar a maioria do povo africano que, por isso mesmo, não sentia necessidade de provar o valor da raça e da cultura. E a poesia de Noémia de Sousa é, neste aspecto, paradigmática.

O pendor apelativo e messiânico que caracteriza o seu verso, a exaltação dos valores negro-africanos, o afrontamento corrosivo e irônico às imagens estereotipadas do europeu sobre os africanos e a (re)constituição da sua própria imagem identitária são algumas das marcas mais evidentes do alinhamento estético da escrita da Noémia que, no essencial, reivindica um profundo e ilimitado sentido humanista.

Face à conformação narrativa que caracteriza a poesia de Noémia de Sousa (tal como a de José Craveirinha), e a constituição proléptica e profética da ideia de nação, estamos, por conseguinte, perante uma escrita que faz depender essa nação ideada à forma como a própria poesia se constrói. Isto, em função, portanto, de uma reverbativa dimensão estética, ética, cultural e civilizacional.

Estrutura político-cultural em gestação, ou, simplesmente formação discursiva, segundo Michel Foucault, a nação decorre de uma recriação mítica que faz apelo aos valores de raça, geografia, história, tradição ou língua. E é aí, entre a sacralização da ancestralidade e a reiteração enunciativa dos valores acima mencionados, isto é, entre aquilo que Homi Bhabha (1995) distingue como pedagógico e como performativo, é que a ideia de nação adquire, em Noémia, uma materialidade e uma arquitetura singulares.

Plena de vitalidade, a poesia de Noémia celebra a própria poesia naquilo que ela significa em termos de melodia, ritmo,

> E os corpos surgiram vitoriosos,
> sambando e chispando,
> dançando, dançando ...
> ("Samba", in MUNHUANA 1951)

e sensações

> a luz do nosso sol,
> a lua dos xingombelas,
> o calor do lume,
> a palhota onde vivemos,
> a machamba que nos dá o pão!
> ("Súplica", in NOSSA VOZ)

E é na forma exuberante como se (re)apropria do mundo que a envolve e do que flui no interior quer do sujeito individual quer do sujeito coletivo, que o "género Noémia de Sousa" se vai definindo. Instituindo uma temporalidade própria e muito marcada - passado *gratificante*, presente *sofrido*, futuro *optimista* —, Sangue negro inscreve nos interstícios de cada verso o seu segmento eventualmente mais emblemático e controverso: um intenso clamor que prenuncia um silêncio confrangedor que vai praticamente acompanhar a autora até ao final dos seus dias.

Se, por um lado, com o olhar centrado na infância se reconstitui idílica e feericamente o Mito da Idade de Ouro, ou do Paraíso Perdido, por outro, ao projetar-se utopicamente para o futuro, morada da solução harmoniosa e palingenética, esta poesia tem no presente, um espaço enunciatório nuclear, ao mesmo tempo de padecimento, mas também propiciatório e invocador do que existe quer no foro privado quer como bem coletivo.

Atentando, entretanto, na forma como o futuro e o presente condicionam a voz poética que se configura como consciência plural, obviamente com um sentido coletivo e partilhado, é, contudo, na sua relação com o passado que tudo se radicaliza em relação à forma como essa mesma voz se apresenta. Trata-se, pois, de uma subjetividade envolta num manto de uma nostalgia envolvente, emergindo altiva no exercício reconstituinte conduzido pela memória:

> – Figuras inesquecíveis da minha infância arrapazada,
> Solta e feliz:
> meninos negros e mulatos, brancos e indianos,
> [...]
> Ah, meus companheiros acocorados na roda maravilhada
> e boquiaberta de "Karingana ua karingana"
> das histórias da cocuana do Maputo
>
> ("Poema da infância distante", in BIOGRAFIA)

Afinal, como diria Emmanuel Levinas (1988), é pela memória que o sujeito se funda a posteriori, retroativamente. Isto é, assume hoje o que, no passado absoluto da origem, não tinha sujeito para ser recebido e que, a partir de então, pesava como uma fatalidade:

> Quando eu nasci...
> [...]
> No meio desta calma fui lançada ao mundo,
> Já com meu estigma.
>
> ("Poema da infância distante", in BIOGRAFIA)

Ainda, na percepção do filósofo franco-lituano, é a memória que realiza a impossibilidade e que, como inversão do tempo histórico, se firma como a *essência da interioridade*. Neste particular, a poesia de Noémia desfaz as asserções totalitárias que fazem dela pura expressão de uma alma coletiva onde a subjetividade está ausente. Subjetividade, que se institui como intersubjetividade, que se revê e se revitaliza na plenitude da sua condição feminina.

Para todos os efeitos, na sua salteante dialética com a temporalidade, a voz de *Sangue negro* é uma voz que se propaga sonora, profetizando o seu próprio apagamento. Isto é, a utopia, em toda a sua imprevisibilidade, que se torna silêncio e morte. Paradoxalmente, ou não, é justamente aí, ou a partir daí, porque se transcende, que a poesia de Noémia de Sousa assume a sua condição de imortalidade: a crença, mesmo que irreligiosa, na palavra que se diz, que sonha e faz sonhar, que dói e faz doer, que reflete e faz refletir, mas que liberta mesmo que na contingente e precária duração de um grito que deixa o seu eco repercutindo-se no tempo e no espaço.

Referências

SOUSA, Noémia. *Sangue negro*. São Paulo: Kapulana, 2016. [Vozes da África]

Temos estudos que podem legitimar as nossas variantes[14]

Isaquiel Cori

Jornal Cultura – Um aspecto que ficou marcado no congresso da UniPiaget é o facto de nos países africanos a Escola tender a impor uma norma da língua portuguesa afastada do uso corrente da língua. Porque não elevar à norma aquela variante que afinal é a língua dos cidadãos?

Francisco Noa – É muito fácil imputarmos as culpas aos políticos mas é uma situação extremamente delicada que vai levar, infelizmente, muito tempo a ser resolvida. Podemos olhar para o exemplo do Brasil, que tem hoje uma norma surgida da variante brasileira. Isso foi o reflexo de muita discussão. O Brasil ficou independente em 1822 e houve a preocupação de criar uma literatura e toda uma mundividência que reflectisse aquilo que o Brasil era culturalmente. Houve, durante décadas, um grande debate entre aqueles que defendiam a variante que tinha a ver com a especificidade, estou a pensar num José de Alencar, e aqueles que defendiam o registro clássico, digamos, culto, da língua, caso de Machado Assis. Só durante o século XX é que a variante se transformou em norma. Os nossos países estão com quarenta anos de independência e se formos às universidades Agostinho Neto e Eduardo Mondlane, entre outras, vamos

---

[14] CULTURA, *Jornal Angolano de Artes e Letras*. Entrevista de Francisco Noa a Isaquiel Cori. Luanda. Versão impressa: 13-26 out. 2014, p. 13-14. (A editora optou por manter a ortografia do texto original.)

encontrar já muitos estudos de especialistas em linguística, com muita qualidade, que serviriam para validar, legitimar, a adopção das nossas variantes do português como normas. Penso que o impasse que existe neste momento é o que Jean-François Lyotard dizia no seu livro famoso, *A condição pós-moderna*, entre aqueles que têm que decidir o que saber, que são os da academia, e os que têm que saber o que decidir, que são os políticos. O que eu quero dizer é que esse impasse de alguma forma tem de ser quebrado, sendo necessária também coragem política.

JC – A discussão tem de sair da academia para a sociedade.

FN – E sobretudo para a política. Isso tem de ser um processo. Há muitos erros ortográficos e de natureza morfossintáctica e não podemos ser paternalistas e nos escudarmos permanentemente nas questões das línguas africanas. É preciso que exista um equilíbrio entre aquilo que é a tendência global dos nossos países, do ponto de vista das falas que se vão cristalizando, e aquilo que deve ser a norma e que deve legitimar uma certa qualidade comunicativa. A minha grande preocupação é a nível da escrita. Por isso eu coloco a questão: quais são os limites que a própria escrita se deve impor no sentido de ela manter a sua integridade? A escrita foi e será sempre sagrada, será sempre um registo mais estável e nobre do uso da língua. Significa que na adopção da norma é preciso que haja muitas precauções no sentido de evitarmos resvalar numa espécie de caos linguístico que obviamente vai gerar um caos comunicativo. Entendo que, sobretudo entre os jovens, há uma tendência cada vez maior de escreverem poesia e narrativas tal e qual como eles falam e o que eles falam tem a ver com a variante. É necessário haver todo um trabalho de concertação entre os poderes políticos e a academia. Isso parece-me irreversível.

JC – A sua comunicação no congresso foi sobre a relação entre a literatura e a língua portuguesa. Pode fazer um resumo breve para os nossos leitores?

FN – Defendi, basicamente, que a literatura tem dado um grande contributo à estabilização e ao desenvolvimento da língua portuguesa. Dei o exemplo do Brasil, mas nós, quer em Moçambique como Angola, Cabo Verde e São Tomé e Príncipe, vamos vendo que cada vez mais a literatura, além da relação com o quotidiano, tem uma relação muito profunda com a língua. Ela vai espelhando as tendências da língua dos pontos de vista lexical, semântico, morfo-sintático... Vai registando essas marcas e, de certo modo, legitimando o uso dessas marcas. No entanto, há uma situação no mínimo paradoxal. Apesar de a literatura ser um registo culto, ela vai inspirar-se nas falas populares, as falas das massas anônimas da população que reinventa a língua portuguesa todos os dias, atribuindo novos significados às palavras, acrescentando novas palavras ao universo da língua portuguesa, aportuguesando palavras das línguas bantu ou registando algumas das principais tendências das variantes, onde nós vemos claramente as interferências das línguas bantu. Sendo um espaço de possibilidades, a literatura mostra as enormes possibilidades plásticas que a língua portuguesa possui e explora isso ao limite. Temos os casos, entre outros, do brasileiro Guimarães Rosa, dos angolanos Luandino Vieira, Uanhenga Xitu, Ondjaki, de José Craveirinha, do Mia Couto, do, em que é manifesta a relação não só com um universo existencial, mas sobretudo com a língua. Há claramente nesta relação com a língua portuguesa uma nativização e africanização da língua portuguesa.

JC – Pode traçar-nos um panorama sucinto do estado actual da literatura moçambicana?

FN – O que eu sinto em relação à literatura moçambicana é que há uma certa vitalidade, a nível da produção, e da reflexão sobre ela, que, entretanto, bem poderia ser maior. Sobretudo entre os jovens há uma grande vontade de produzir literatura, o que se vai reflectindo em algumas obras que manifestamente apresentam alguma qualidade, que nalguns casos é já assinalável. Como sabe a literatura moçambicana passou por um momento menos bom, em que havia certamente alguma produção, mas sinto que hoje essa produção é acompanhada por alguma preocupação pela qualidade, quer a nível da poesia quer da prosa. Há um movimento dos jovens no sentido de discutirem a própria produção literária, sobretudo nos meios próximos às universidades. Há sinais muito fortes e promissores no sentido de que a vocação e a marca de qualidade que vem dos anos 40 e que depois foi revitalizada nos anos 80 esteja de regresso. E com uma forte pujança. Alguns dos jovens autores têm um forte compromisso com uma certa tradição literária que existe em Moçambique.

JC – Em Angola temos algum conhecimento da literatura moçambicana que vai até à geração da *Charrua*, com nomes como Marcelo Panguana, Eduardo White, Ungulani Ba Ka Kossa. E há os casos particulares de Mia Couto e Paulina Chiziane. A antologia do conto moçambicano "As mãos dos pretos", organizada por Nelson Saúte e editada em Portugal, foi vendida em algumas livrarias de Luanda. Mas desconhecemos o quadro das novas gerações. Pode elucidar-nos?

FN – Esse desconhecimento está a tornar-se estrutural e circular. Não sabemos muito do que os outros países produzem. Se em relação à poesia houve um espécie de continuidade, contudo com aspectos inovadores importantes sobretudo do ponto de vista de uma certa transnacionalidade, que eu percebo, sobretudo em relação à actual pro moçambicana, é uma grande preocupação com a representação do quotidiano, o que é uma marca das literaturas africanas no geral, esse compromisso com o meio em que elas surgem. As realidades africanas têm uma dimensão épica, porque temos grandes transformações a acontecer e isto funciona como inspiração, não só para os jovens, mas também para os mais velhos, já que há uma espécie de compulsão criativa no sentido de registar toda essa pulsação que acontece do ponto vista social, cultural, político e a outros níveis. E a nível da prosa, sobretudo do conto, que é uma das grandes marcas da literatura moçambicana – contrariamente aos que muitos pensam, o conto é um género muito difícil – vão aparecendo alguns jovens que mostram qualidade, mas faltará no nosso universo uma crítica jornalística que poderia dar maior visibilidade às obras produzidas. Há uma crítica universitária, mas que fica confinada às paredes das universidades. Não gostaria de ser injusto mas há uns jovens que se destacam: o Clemente Bata, que lançou, há uns anos, o livro de contos *Retratos do instante*, e é universitário. Não quero dizer que para ser bom escritor tem que se ser estudante universitário, mas que o contacto com textos teóricos e com alguma reflexão mais elaborada na universidade vai permitindo que esses jovens tenham uma maior capacidade e amplitude na forma como produzem e sobretudo um maior domínio das técnicas narrativas. Um dos grandes exemplos é o Lucílio Manjate, que é professor assistente, produz regularmente e tirou recentemente uma novela, *A legítima dor de Dona Sebastião*, que é, de certo modo, uma novidade na literatura moçambicana, porque além da preocupação com o quotidiano é uma narrativa marcada por um ritmo policial, com um texto muito bem conseguido em termos do enredo e da técnica narrativa. O Alex Dau, em *Reclusos do tempo*, oscila entre a preocupação com as pequenas ocorrências quotidiano e as emoções do universo tradicional. Muitos jovens têm uma ligação com o universo tradicional muito residual, mas eles devem desenvolver alguma pesquisa para recuperar esse universo. O Andes Chivangue, no seu livro de contos, *Febre dos deuses*, apresenta umas marcas obsessivas do ponto de vista temático mas sinto que é um escritor com enorme potencial e que se mantiver uma certa constância e alguma profundidade pode ser um autor de referência na nossa literatura. Temos o Hélder Faive, com *Contos de fuga*, conjunto de contos premiados é notória a preocupação com os dramas individuais, familiares e sociais, com forte ironia e uma assinalável qualidade criativa. Esses jovens sentem que nós vivemos numa sociedade em transição e a literatura funciona como um mecanismo de registar os movimentos dessa mesma transição. As obras que eles apresentam mostram que eles já dominam um conjunto de leituras que lhes permite um certo desembaraço do ponto de vista da técnica, da criatividade e da representação de uma determinada realidade.

JC – Tem chegado até nós, até recentemente com alguma regularidade, a revista electrónica *Literatas*, do movimento Kuphaluxa. Fale-nos desse movimento e da sua inserção na vida cultural de Moçambique.

FN – Esse movimento, para mim, além de funcionar como um sintoma, no sentido de que há uma ânsia desses jovens em estarem sintonizados com aquilo que é a produção cultural e literária, também é uma iniciativa extremamente meritória e válida. Penso no Nelson Lineu, no Arijuane Japone, no Eduardo Quive, entre outros... São jovens que estão a deixar uma marca, sobretudo porque não estão só a produzir literatura, sendo a poesia o seu registo mais importante, organizam palestras e encontros com convidados que já têm algum percurso criativo ou académico. Eles estão a ser, de facto, uma referência importante na nossa literatura. Claro que há alguns excessos, em alguns deles, o que é apanágio e natural nos jovens, com algum exibicionismo, à mistura. O mérito está naquilo que está por detrás desse tipo de iniciativas, que acaba por ter um grande impacto junto dos outros jovens. Como sabe, nós vivemos tempos muito difíceis, em que os jovens vivem uma grande desorientação e uma grande lacuna do ponto de vista daquilo que seriam as referências nobres e estáveis para sua vida. Com a preocupação de se aglutinarem a volta de uma revista e de fazerem tertúlias, tal como aconteceu com a geração da Noémia de Sousa, do José Craveirinha e do Rui Knopfli à volta do Itinerário, e com a geração do Ungulani Ba Ka Khosa, o Eduardo White, o Suleiman Cassamo, o Armando Artur, e outros, à volta da *Charrua*, esses jovens vão certamente deixar uma marca na literatura moçambicana naquilo que ela tem de melhor.

Nota da Editora

As seguintes obras citadas na presente edição foram também publicadas pela Editora Kapulana no Brasil:

- *A noiva de Kebera, contos,* de Aldino Muianga. (2016)
- *Império, mito e miopia: Moçambique como invenção literária,* de Francisco Noa. (2015)
- *Mesmos barcos ou poemas de revisitação do corpo,* de Sangare Okapi. (2017)
- *O domador de burros e outros contos,* de Aldino Muianga. (2015)
- *O regresso do morto, contos,* de Suleiman Cassamo. (2016)
- *Orgia dos loucos,* de Ungulani Ba Ka Khosa. (2016)
- *Perto do fragmento, a totalidade: olhares sobre a literatura e o mundo,* de Francisco Noa. (2015)
- *Sangue negro,* de Noémia de Sousa. (2016)

O Autor

FRANCISCO NOA é Doutor em Literaturas Africanas de Língua Portuguesa pela Universidade Nova de Lisboa, em Portugal. Ensaísta e professor de Literatura Moçambicana na Universidade Eduardo Mondlane, em Maputo, Moçambique, é também investigador associado na Universidade de Coimbra, em Portugal. Atualmente é Reitor da Universidade Lúrio (UniLúrio), em Moçambique.

Foi diretor e investigador do Centro de Estudos Sociais Aquino de Bragança (CESAB), em Moçambique. Professor convidado, orientador e examinador de teses em universidades nacionais e no estrangeiro, assumiu ainda vários cargos de gestão em instituições de ensino superior.

É membro do Conselho Editorial da Revista *Scripta* (PUC-MG) e da Associação Internacional de Lusitanistas, em Coimbra, Portugal

Sua pesquisa atual debruça-se sobre temas como colonialidade, nacionalidade e transnacionalidade literária, a literatura como conhecimento e o diálogo intercultural no Oceano Índico a partir da literatura.

É autor de vários livros de mais de uma centena de publicações em revistas nacionais e estrangeiras.

Obras publicadas pela Kapulana:

- *Perto do fragmento, a totalidade: olhares sobre a literatura e o mundo.* São Paulo, 2015.
- *Império, mito e miopia: Moçambique como invenção literária.* São Paulo, 2015.

Outras publicações:

- *A escrita infinita. Ensaios sobre literatura moçambicana*. Maputo: Ndjira, 2013.
- *Perto do fragmento, a totalidade. Olhares sobre a literatura e o mundo*. Maputo: Ndjira, 2012. (Prémio BCI de Literatura, 2014).
- *A letra, a sombra e água. Ensaios & Dispersões*. Maputo: Texto Editores Moçambique, 2008.
- *Império, mito e miopia. Moçambique como invenção literária*. Lisboa: Caminho, 2002.
- *A escrita infinita. Ensaios sobre literatura moçambicana*. Maputo: Livraria Universitária, 1998.
- *Literatura Moçambicana: memória e conflito*. Maputo: Livraria Universitária, 1997.

fontes	Andada (Huerta Tipográfica)
	Open Sans (Ascender Fonts)
papel	Pólen Soft 80 g/m²
impressão	Prol Gráfica